JN186733

# 離婚調停の技術

飯田邦男◎著

発行 民事法研究会

# はしがき

日本の家事調停は昭和14年に人事調停から始まり、現行憲法および個人の尊厳と両性の本質的平等の原則に則った改正民法のもと、家事調停としてスタートしてから70年近くが経過しました。

現在では、家事調停は家族間紛争を解決する制度として社会に定着しています。また、家事調停では、民間から選ばれた家事調停委員（以下、「調停委員」といいます）が裁判官（または家事調停官）といっしょに調停委員会を構成し、そのもつ豊かな知識と経験を活かして家事紛争を柔軟に解決することが期待されており、調停委員は国民の司法参加の一つの現れともいわれています。

ところで、家事調停が司法サービスの一環として行われる以上、紛争の解決は公平で、手続的にもまた内容面でも適正・妥当に行われる必要があります。そのためには、調停そのものは非公開ではあっても、家事調停手続は国民や社会からみて、透明でわかりやすいものであることが求められます。

一方、家事調停制度がしっかり機能するには、制度やシステムのもつ有効性が十分発揮されるよう、具体的事件において専門性に裏づけられた調停活動が行われることが必要です。制度がいくら立派でも、実際に行われている調停の中身が大したものではなかったとしたら、当事者や社会からの期待や信頼には応えられません。

現代の家事調停では、内容が複雑で解決に苦慮する事件が少なくありません。このような難しい事件を適正・妥当に解決していくには、自分勝手なやり方ではとうてい歯が立たず、科学性や専門性に裏づけられたところの調停技術が求められます。

また、家事調停の半ばを占める離婚調停においては、子どもの権利や福祉が絡む悩ましい一面と、当事者のもつ負のエネルギーが強く発揮される場面とがあり、ケースの扱いを間違ってしまうと、その家族に悲劇的な結果を招いてしまったり、当事者を傷つけてしまったがために猛反発をされ、インターネット上に非難の書込みをされたりもします。

したがって、家事調停とりわけ離婚調停を扱っていく場合には、ケースを慎重に扱い、当事者の心理や感情もよく理解したうえで、それに応じた専門性のある調停技術を活用することが求められてきます。

現在家庭裁判所や家事調停協会等においては、現代の家事調停事件や当事者に対応すべく、調停委員研修に力を入れ、家事調停の質や調停技術のレベルアップに努めていますが、これらは事件の性質や特徴から当然求められるものといえます。

一方、弁護士の方々にあっては、家事事件の仕事の比重が高かったり、離婚事件を専門に扱っている方もおられることでしょう。しかし、私の印象では、このような弁護士の方々であっても、当事者の心理や感情をきちんと踏まえた対応をしなかったために、依頼人である当事者から不満をもたれたり、批判を受けてしまっているような方も中には見受けられます。

「家事調停は離婚調停に始まり、離婚調停に終わる」といっても過言ではありません。ですから、家事調停を扱う裁判官や調停委員はもちろんのこと、当事者の代理人として家事調停に関与する弁護士や本人の手続支援を行う司法書士の方々にとっても、科学的で専門性のある「離婚調停の技術」を学ぶことは、現代では不可欠のことのように思います。

しかし、家事調停あるいは離婚調停をめぐる状況をみてみると、そのような技術を学んだり、いざ習得しようとしても、当事者の心理や感情の動きを詳しく説明し、その機微にまで及んで書かれている調停の技術書はほとんどありません。

私は家庭裁判所調査官として36年間勤務しましたが、40歳代半ばからは「事実の調査技術」と「調停技術」について研究と実践をしてきました。

本書は私が学んだ人間関係諸科学の知識をベースにしながら、そこに実務での経験や洞察やアイディア等を加え、家事調停——とりわけ離婚調停に携わる方々（裁判官、調停委員、弁護士等）に、離婚調停で必要となる技術についてまとめたものです。

本書が離婚調停に携わる方々や他のADRの実務家の方々、また将来離婚調停に携わりたいと考えている方々等にとって、ご参考になれば幸いです。

平成27年11月

飯　田　邦　男

『離婚調停の技術』

目　次

# 第1章　家事（離婚）調停と当事者理解

## 第2章　家事調停の機能と技術

# 第3章　家事調停の進行・運営と調停委員

※本文中の［1］のような数字は、巻末の引用文献の番号です。

# 第１章

# 家事（離婚）調停と当事者理解

# 家事調停とは何か

## 1　家事調停の定義

ケースワークの父といわれるバイスティックは、定義の重要性について、「ある領域にとって、専門用語を十分に吟味し、定義することは、その領域が成長していく上で必要な条件の一つである」と述べています[1]。

では、家事調停については、どのような定義がされているのでしょうか。家事調停について、しっかり定義している文献はあまりありません。その中で詳しく述べているのは、次のような説明です[2]。

> 家事調停とは、家庭に関する紛争につき、訴訟や家事審判に優先して、家裁が、個人の尊厳と両性の本質的平等を基本とし、家庭の平和と健全な親族共同生活の維持をはかることを目的として、家事調停機関により当事者間をあっせんして、公正で具体的に妥当な合意を成立させ、自主的任意的解決を図る制度である。

また、比較的最近では、大阪家庭裁判所家事調停研究会による次のような説明もあります[3]。

> 家事調停は当事者を説諭したり、説得したりする場ではなく、当事者自らが、抱えている紛争を整理し、解決の糸口を見つける作業をしつつ、合意を斡旋する場です。これによって導かれた当事者の合意に、調停委員会の適法性、妥当性の判断が加わって調停が成立します。

一方、最高裁判所事務総局作成の『家事調停の手引』では、次のように説明しています[4]。

> 家事調停とは、家庭に関する紛争について、家庭裁判所の調停委員会又は裁判官の下で、紛争当事者間に条理にかない実情に即した適正妥当な合意の成立をめざすという、紛争の自主的な解決を図る制度です。

家事調停は民事調停と同様、民事調停法１条の「民事に関する紛争につき、当事者の互譲により、条理にかない実情に即した解決を図ることを目的とする」の規定を敷衍する格好で行われています[5]。

そのため、民事調停や家事調停においては、「互譲」「条理」「実情に即して」が重要なキーワードになっています。もっとも、最近では、「互譲」に代わって「適正・妥当」という言葉が多く使われています。

冒頭のバイスティックの説明にもあるように、家事調停を語るに際しては、しっかりとした定義が必要になります。

ちなみに、私は、次のように考えています。

> 家事調停とは、司法の枠組みの下で、調停委員会または裁判官を間に挟み、家族間紛争を当事者間の話合いにより、適正・妥当に解決していく過程である。

ここでは、家事調停の基本要素である当事者（当事者間の対話）、司法の枠組み（家事調停制度）、調停委員会（調停機関）を示し、家事調停を紛争解決のプロセスととらえています。

私の説明には「互譲」「条理」「実情に即して」は入れていません。それは、家事調停においては、これらの言葉の解釈や理解に多大なエネルギーを費やしていますが、実際の調停の現場では「互譲」「条理」「実情に即して」が問題となったり、それらが活用や検討される場面はほとんどなく、家事調停について説明や理解する場合には、調停委員にとってもまた当事者にとっても、もっとわかりやすい説明や言葉のほうが役に立つと考えるからです。

また、自主交渉援助型調停をはじめ欧米の mediation が日本に入ってきてからは、家事調停もその影響を受けざるを得ない状況にあります。

したがって、現代において家事調停を語る場合には、このようなADRの潮流もしっかりと受け止め、時代にふさわしい定義にしていくべきではないでしょうか。

## 2　基本要素

家事調停は三つの基本要素で構成されています。三つとは、当事者、調停の枠組み（家事調停制度）、調停機関（調停委員会）です。

家事調停の主体は当事者であり、当事者からの申立てと参加がなければ、家事調停は開けません。また、日本では家事調停は司法サービスの一環として行われており、そのために家事調停制度が設けられ、その手続や対象となる事件が法律で定められています。

また、調停では当事者間の話合いを促進する調停機関が必要となりますが、家事調停における調停機関は調停委員会で、裁判官（あるいは家事調停官）と男女各1名の調停委員で一般に構成されています。家事調停の基本要素は、

〈図表1〉　家事調停の基本要素

〈図表1〉のようになります。

したがって、家事調停を学ぶ場合には、この三つ基本要素について学ぶようにすると、家事調停というものをしっかり理解することができます。

つまり、家庭内や家族間のさまざまな悩みや複雑な問題を抱えた当事者と向き合い、当事者間の話合いを促進して紛争を解決に導いていくには、①当事者について、②家事調停制度や家事調停事件について、また、③調停委員会や調停委員自身について、よく学ぶことが必要なのです。

## 3　家事調停事件

家事調停の対象となる事件は、家事事件手続法244条に規定されており、「人事に関する訴訟事件その他家庭に関する事件（別表第一に掲げる事項についての事件を除く。）」とあります。

この中身について説明すると、まず「人事に関する訴訟事件」と「その他家庭に関する事件」とに分けられます。

人事に関する訴訟事件は、婚姻関係事件（離婚、婚姻無効、婚姻取消し、協議離婚無効、協議離婚取消し等）、離縁事件（離縁無効、離縁取消し等）、実親子関係事件（嫡出子否認、認知、親子関係存在（不存在）確認等）等に分けられます[6]。

次に、その他家庭に関する事件は、家事事件手続法別表第二に掲げる事件とその余の事件（包括的な規定）とに分かれます。

別表第二に掲げる事件は、調停が不成立となった場合、審判手続に移行して家庭裁判所の審判で審理・判断される事件です。具体的には、子の監護に関する処分事件、親権者指定・変更事件、遺産分割事件、婚姻費用分担事件といった事件です。

その余の事件とは、一般的に、①親族またはこれに準ずる者の間という一定の身分関係の存在、②その間における紛争の存在、③人間関係調整の要求（余地）の存在、の三つの要素を備えているものとされています[7]。家事調停

〈図表2〉　家事調停事件の種類

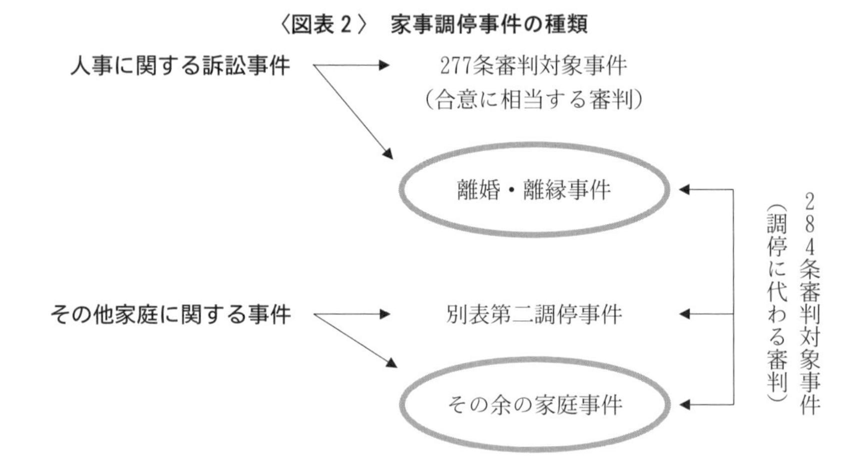


裁判所職員総合研修所『家事事件手続法概説』（2013）86頁より引用

事件は、〈図表2〉のように整理されます。

## 4　家事事件手続法

### ⑴　家事調停の開始

昭和22年5月3日の日本国憲法の施行および個人の尊厳と両性の本質的平等の原則に則った改正民法のもとで、家族間紛争の解決を図るものとして、昭和23年1月1日家事審判法および家事審判規則と特別家事審判規則等が施行され、家事審判と家事調停は、地方裁判所の支部に設置された家事審判所でスタートしました。

家事審判法1条には、「この法律は、個人の尊厳と両性の本質的平等を基本として、家庭の平和と健全な親族共同生活の維持を図ることを目的とする」と規定され、日本国憲法や改正民法を背景にして、新しい社会や家族の構築と息吹を感じさせるものになっています。

その後、昭和24年1月1日にはアメリカのファミリーコートに倣って、旧少年法に基づいて非行少年に保護処分を行う少年審判所（法務省所管の行政機関）と家事審判所とが合体し、家庭裁判所が設置されました[8]。

その後、家事事件手続法の成立まで、家事審判法についての抜本的な改正はありませんでしたが、大きな改正としては、昭和49年改正と平成15年７月の人事訴訟法の改正に伴う人事訴訟事件（離婚、離縁、認知等）の家庭裁判所への移管（平成16年４月）があげられます。

参与員や調停委員については、「参与員となるべき者の選任規則」（現参与員規則）が家事審判法と同じく昭和23年１月１日に施行され、家事調停委員については昭和26年10月１日「調停委員規則」（昭和26年最高裁判所規則第11号。下記民事調停委員及び家事調停委員規則で廃止）が民事調停法と同時に施行され、調停委員の選任基準として、「調停委員となるべき者は、徳望良識のある者の中から選任しなければならない」（２条）と定められました。

先に家事審判法は昭和49年に改正されたと述べましたが、この改正は昭和48年に設置された臨時調停制度審議会の答申に基づいたものです。答申では、調停委員の身分、任命資格、任務、選考方法、年齢制限等に関する重要な方向性が示され、これを受け調停制度の充実強化と調停委員制度および調停手続の改善のために、「民事調停法及び家事審判法の一部を改正する法律」（昭和49年10月１日施行）と「民事調停委員及び家事調停委員規則」が定められました。

改正の主な内容は、調停委員の身分に関してで、それまで調停委員は事件ごとに指定され非常勤職員とされたのが、任命当初から非常勤裁判所職員としての身分を有する民事調停委員および家事調停委員制度が設けられたこと、また、弁護士となる資格を有する者、民事もしくは家事の紛争の解決に有用な専門的知識経験を有する者、社会生活のうえで豊富な知識経験を有する者で、人格識見の高い年齢40年以上70年未満の中から、調停委員が任命されることが明記されました。

また、平成16年４月になされた人事訴訟事件の家庭裁判所への移管とは、たとえば離婚事件でいえば、家庭裁判所での離婚調停が不成立になった場合に、離婚を求める者は地方裁判所に離婚訴訟を提起する必要があったものが、移管後は、家庭裁判所が離婚訴訟を扱うようになったことです。

### ⑵　家事事件手続法のスタート

家事事件の手続は、家事審判法や（旧）非訟事件手続法等の下で長い間行われてきましたが、（旧）非訟事件手続法は明治31（1898）年に、また家事審判法は昭和22（1947）年に制定されたもので、制定の時期も沿革も異なる二つの法律が規律する手続には、不備な点がたくさんありました。また、その後の家族をめぐる変化や国民の法意識の変化等もあり、当事者が主体的に手続にかかわるための手続保障が必要とされました。

そのため、（旧）非訟事件手続法や家事審判法が規律してきた手続を、国民にとって利用しやすく、現代に適合した内容のものとする改正（新法制定）が行われ、また、（旧）非訟事件手続法や家事審判法に代わる法律は、家事審判および家事調停に関する事件を包摂する「家事事件」の手続を規律する法ということで、名称も「家事事件手続法」に改められました[9]（（旧）非訟事件手続法も名称は同じですが新しい非訟事件手続法が制定されました）。

家事事件手続法１条には、「家事審判及び家事調停に関する事件（以下「家事事件」という。）の手続については、他の法令に定めるもののほか、この法律の定めるところによる」と規定されていますが、この法律は、家事事件の全般に関する手続を包括的かつ自己完結的に規定しているものです。この家事事件手続法は、平成25年１月１日から施行されています。

家事事件手続法では、当事者等の手続保障を図るための制度（参加制度の拡充、記録の閲覧謄写等に関する制度の拡充、不意打ち防止のための諸規定の整備等）、手続を利用しやすくするための制度等（電話会議システム・テレビ会議システムによる手続の創設、調停を成立させる方法の拡充等）が整備され、また、手続の基本的事項に関する規定の整備（管轄、代理、不服申立て等）も図られれました。

家事事件手続法の制定により、家事事件全般にわたる手続の保障は整備されました。しかし、家事審判法１条に規定にされていた「個人の尊厳」「両性の本質的平等」「家庭の平和」「健全な親族共同生活の維持」といった、家事事件を扱う際の基本的理念や価値を述べた文言が失われたことは、少々さびしい思いがします。

# 当事者理解

## 1 家　族

### (1) 家族とは何か

家事調停は、家族や親族に関係した事件を主に扱います。したがって、家族というものについての理解や知識が必要になります。では、家族とはいったいどういうものなのでしょうか。

家族心理学では、「家族とは、夫婦を中心とし、親子、きょうだいなどの近親者がその主要な構成員で、相互に愛情や家族意識によって結ばれて共同生活を営み、人間的・文化的な生活をともにしている集団である」などと説明されています[10]。

また、家族社会学では、「家族とは、夫婦・親子・きょうだいなど少数の近親者を主要な成員とし、成員相互の深い感情的かかわりあいで結ばれた、幸福（well-being）追及の集団である」などと定義されています[11]。

ここでは、一定の親族関係、共同生活（別居生活もあり得る）、成員相互間の深い愛情や感情的包絡等が特徴とされ、それらは幸福（well-being）追求の集団とされています。

ここでの「幸福（well-being）追求」については、当事者および家事調停のあり方を考えていくうえで重要と思われますので、後ほどもう一度詳しく取り上げたいと思います。

### (2) 家族生活の特徴

家族生活では、社会での行動の「補償的な行動」の発揮と密着した生活が特徴とされています。社会での行動の補償的な行動の発揮とは、外では温厚な人が、家の中では些細なことで怒ったりすることです。また、家の外では不快なことがあっても、それを口にしたり争ったりすることができませんが、家庭内ではそれが発散されたりします。

密着した生活とは、家族に対してもっとも開放的に振る舞うことです。家族の前では、怒りや喜びを遠慮なしに表わすことができ、屈託のないこの解放感は他では得られないとされます。

そして、家族の特徴としては、家族成員相互の接触が直接的、全面的、親密で濃厚であることで、家族間では煩瑣な説明や弁解なしに自分の意思や感情を伝達したり、理解することができるとされています[10]。

### ⑶　家族生活の二面性

家族生活には、プラス面とマイナス面があります。それは、家族生活が「ストレス解消の場」である一方で、「ストレス発生の場」にもなる二面性があるからです。

「ストレス解消の場」としてのあり方は、誰もが思い浮かべやすいでしょう。家族メンバー間の深い感情的つながりの中で、やすらぎ、憩い、思いやり等がみられます。

一方、「ストレス発生の場」とは、家族生活はさまざまなストレスが発生しやすい場であるということです。その理由は、家族生活の背景に次のような理由があるためとされています[12]。

①　特異な集団的構成　　家族集団では、年寄りから乳幼児に至るまで多様な人々が生活をともにしているため、欲求が対立しがちであることです。中には、病気の人や障害を抱えた家族員もいるため、口には出せないやりきれなさや不満もみられることがあります。

②　必然的な生活上のストレッサー　　交通事故や大病といった出来事だけでなく、どの家族にも、子どもの誕生・就学・結婚・親の退職といった加齢や家族周期の移行に伴う必然的な生活上の変化や出来事があり、これらがストレス源となります。

③　成員間の相互規定性原理　　家族員間の欲求が一致したり調節できればいいのですが、それがうまくいかないと、我慢や欲求調節が必要になります。その我慢や欲求調節が一方的だったり、かなり頻繁な場合、家

族間に緊張や葛藤が滞留してくることになります。

④　同質社会における文化規範　　家族自体に問題がなくても、周囲との関係で、各種のストレッサーに出会ったりストレスを抱えたりします。同質社会である日本の社会文化では、他者と同調すること、他人と同じことをして世間並みでいることが、つつがなく過ごす生活の知恵となっているため（たとえば隣近所とのつき合い等）、この種のストレスも無視できないとされています。

家族関係は社会的に認知される親族関係で、親族関係は具体的には、親子関係と夫婦関係という相互排他的な二者関係を基礎に成立しています。ですから、家族間紛争をみていく場合には、その基礎にあるところの二者関係の問題をみていくことが必要になります。

また、家事調停に登場する夫婦や家族は、家族生活が「ストレス発生の場」になっており、夫婦や家族の二者関係の欲求充足場面についてみると、いつもそのどちらかが我慢や譲歩をさせられる格好になっていて、その我慢や譲歩に“我慢できなくなって”調停を申し立ててくるのです。

## 2　家族間の紛争

家族間紛争の特徴や当事者の主張の特徴をつかんでおくことも、家事調停では必要です。

### (1)　家族内の争いごと

では、家族間紛争の特徴とはどのようなものなのでしょうか。一般に、家族内の不和やゴタゴタは、「うちわのこと」として内部で処理してしまおうとされがちなことです。

そして、家族間の密接な関係と共同生活をしているため、相互の立場や気持ちを十分知ったうえでの不和であることが多く、また、離婚や家出といった方法以外には家族そのものを解体することは事実上困難なので、一度ゴタゴタが生じると家庭は暗く陰鬱なものとなり、しこりがいつまでも残るよう

〈図表３〉　社会再適応尺度（SRRS）

| 生活上の出来事 | ストレスの強さ | 生活上の出来事 | ストレスの強さ |
|---|---|---|---|
| 1．配偶者の死 | 100 | 23．子どもが家を去っていく | 29 |
| 2．離婚 | 73 | 24．身内間のトラブル | 29 |
| 3．夫婦の別居 | 65 | 25．優れた業績をあげる | 28 |
| 4．刑務所などへの勾留 | 63 | 26．妻の就職、復職、退職 | 26 |
| 5．近親者の死 | 63 | 27．復学または卒業 | 26 |
| 6．自分のけがや病気 | 53 | 28．生活状況の変化 | 25 |
| 7．結婚 | 50 | 29．生活習慣を変える（禁煙など） | 24 |
| 8．解雇 | 47 | 30．上司とのトラブル | 23 |
| 9．夫婦の和解 | 45 | 31．勤務時間や勤務条件の変化 | 20 |
| 10．退職や引退 | 45 | 32．転居 | 20 |
| 11．家族が健康を害する | 44 | 33．学校生活の変化 | 20 |
| 12．妊娠 | 40 | 34．レクリエーションの変化 | 19 |
| 13．性生活がうまくいかない | 39 | 35．教会（宗教）活動の変化 | 19 |
| 14．新しく家族のメンバーが増える | 39 | 36．社会活動の変化 | 18 |
| 15．仕事の再調整 | 39 | 37．1万ドル以下の抵当（借金） | 17 |
| 16．経済状態の変化 | 38 | 38．睡眠習慣の変化 | 16 |
| 17．親友の死 | 37 | 39．家族だんらん回数の変化 | 15 |
| 18．職種換えまたは転職 | 36 | 40．食習慣の変化 | 15 |
| 19．夫婦の口論の回数が変わる | 35 | 41．休暇 | 13 |
| 20．1万ドル以上の抵当（借金） | 31 | 42．クリスマス | 12 |
| 21．抵当流れまたは借金 | 30 | 43．ちょっとした法律違反 | 11 |
| 22．仕事上の責任の変化 | 29 | | |

重野純編『心理学（改訂版）』（新曜社、2012）260頁より引用

な隠微な争いが持続するとされています[10]。

そのため、紛争が悪化すると、生活が密着しているうえ逃げ場がないので、家族員相互の人間関係はかなり厄介なものになってしまいます。

また、家族間の争いごとは“日常生活におけるいら立ち”が主です。日常生活におけるいら立ちは、英語ではデイリーハッスルといいます。

日常生活は細々とした出来事の連続です。そして、ストレス研究によると、日常生活に付随するいら立ちが、もっとも大きなストレッサーなるといいます（〈図表３〉参照）。

つまり、離婚（２位）や夫婦の別居（３位）といった離婚調停が日ごろ扱っている事柄は、配偶者の死（１位）に次いでストレス度が大きいものであり、そのためこれらの当事者は、かなり強いストレスを覚えながら暮らしているのです。

また、職場と家庭のストレスを比べてみると、職場のほうが家庭よりもストレスが少ないことが、ペンシルベニア州立大学の研究チームの研究で明らかにされました（平成26年５月に「Social Science & Medicine（社会科学と医学）」電子版に研究結果が発表されました）。

### ⑵　感情のエスカレート

家事事件では、当事者間の感情的対立が激しいこともその特徴の一つです。理由は、相手に対する期待や思いが強いこと、また、相手がこちらの期待に応えてくれないような場合、相手に自分の思いを伝えようとしたり、相手の態度や姿勢を何とか変えようとして、怒りや時には暴力までもが発揮されてしまうためです。

新ハーバード流交渉術では、「強くネガティブな感情は、交渉において二つの問題をもたらす」とし、一つは「トンネル・ビジョン効果」現象を生むことで、それはその人の「注意の範囲が狭まって、自分の強い感情のことしか頭になくな」り、「その結果、物事を冷静に、創造的に考えることができなくなる現象」であると説明しています。

また、もう一つは「行動が感情に支配される」ことで、感情がエスカレートするに従い「後々後悔するような行動をとりやすくな」って、「その行動がもたらす影響について考えることができなくなる」こと、さらに悪いことに、互いに怒りを投げ返す「反発のキャッチボール」を繰り返すため、「強くネガティブな感情は、坂を転がり落ちる雪だるまと」同じように、「進み続けるに従い、どんどん大きくなっていく」と説明しています。

また、そこでは強くネガティブな感情を自分の中に閉じ込めておくことが難しいため、その憤慨を誰かにぶつけて内的緊張感を発散したくなり、「誰か（とくにその原因になった人）に向かって、怒りを、率直に何のチェックもせずに、そのまま表現する」としています[13]。

まさに、離婚調停において、当事者が語る夫婦喧嘩の様相とまったく同じ光景です。

### (3)　夫婦喧嘩の特徴

夫婦は生活をともにする家族です。夫婦喧嘩では逃げ場がないため、夫婦は互いに感情を一層エスカレートさせていきます。では、夫婦喧嘩においては、どのようなことがみられるのでしょうか。

ハーバード流交渉術では、夫婦喧嘩には以下のような特徴がみられるとしています[14]。

○泥沼化・・・反発のキャッチボールを繰り返しながら、果てしなき口論が続けられていくようになり、問題がもつれる場合は、必ず同じようなプロセスをたどって泥沼化する。

○過去のほじくりあい・・・相手への攻撃はしばしば非難のかたちをとり、次から次へとお互いの“過去”がほじくり返される。

○論争のテーマが変わってしまう・・・次から次へと過去がほじくり返されると、そもそもの論争のテーマのことはすっかり忘れられてしまう。

家事調停には人間関係調整機能というものがありますが、ここにみるような当事者に対して、調停担当者は人間関係調整を図っていくことになります。

## 3　当事者の主張の特徴

### (1)　立場や役割からの主張

当事者は、家庭内でいくつもの立場や役割また責任を負っています。社会学では「役割集合」といいますが、人がある地位を占めることによって関係する他者は複数存在するため、他者の数だけ期待される行為内容があるとされています。

たとえば、家の跡継ぎである長男の場合、家の後継者、一家の生計を支える大黒柱、妻に対する夫、子どもにとっての父親、老親に対しての子ども、外部に対しては世帯主、ほかにも職場や近隣関係や子どもの学校関係等、実にさまざまな立場や役割や責任を負っています。

これは、当事者においても同じです。このことを考えると、たとえば離婚調停が申し立てられたような場合、夫婦間の離婚だけが問題のようにみえますが、実際には当事者の背後には、いくつものみえない立場や役割や責任があるということです。

こう考えると、当事者の主張や要求というものは、その当事者が負っているいくつもの立場や役割や責任が絡まった複雑な状況の中から出てきていることがわかります。

時には、いくつもの重なり合った立場や役割や責任の折り合いを、当事者自身がうまくつけることができず、そのため、はっきりしない説明になったり、なかなか決断できない状況になったりします。

一方では、調停の相手に対しては、自分の立場や役割や責任から、相手に対して断固とした決意を示したり、自分の要求や主張を強く出してきて、相手に何とかのまそうと強い姿勢をみせたりもします。

一方、相手も同じような状況から、もう一方には負けまいとして、自分の立場や役割から強い主張や要求を反対に出してきます。

このように、家事調停の当事者は家庭の中でいくつもの立場と役割と責任を負っており、そこから当事者は、ともに立場や役割からの主張をしてくるのです。

### (2)　価値主張

家事調停事件の当事者は、「価値主張」をしてくることが少なくありません。価値主張とは、「ある行為や状態の善し悪しについての主張」で、「～は善い(悪い)」、「～すべきだ」、「～してはならない」といったような内容です[15]。

家事調停事件では、「生活費をくれない」、「暴力を振るう」、「異性関係がある」等、配偶者や家族に関する事柄が述べられることが多いわけですが、その根底には、「生活費を渡すべきだ」、「暴力はやめてもらいたい」といった価値主張が含まれています。

そして、このような価値主張には、以下のような特徴があるといいます[15]。

①　「価値主張」の問題には正解がないこと。ここでは、与えられた条件下で、「少しでもましな答え」を出すこと。

②　価値主張に共通するのは、何らかの価値基準（倫理的な善さ、かっこ良さ、美しさ等）に照らして判断を下していること。そこでは、価値基準がものごとの善し悪しを測るものさしとして働くこと。

③　価値主張においては、その基準が肯定的態度や否定的態度と深く結びついていること。「善い」とか「べき」という言葉を使う価値主張は、その対象に対する肯定的態度を、「悪い」「べからず」等は否定的態度を示す表現であること。

当事者はこのような価値主張をしてくるのですから、その特徴を踏まえた対応が必要になります。つまり、当事者が価値主張をしてきたような場合には、「その基準は何か」、「その基準は妥当なものか」ということを考えていく必要があるということです。

### (3)　正義からの主張

家事事件の当事者は、「正義からの主張」もしてきます。「正義からの主張」とは、当事者が「自分は正しい」、「自分は間違っていない」と思っている主張のことです。

たとえば、離婚調停で面会交流を取り決めたが実行されないような場合、非親権者（申立人）は、「離婚調停で取り決めた子どもとの面会交流を求める」（＝決められたことを守れ）として調停を申し立ててきます。

それに対して、親権者（相手方）は、「非親権者と会うと子どもが不安定になる。会わせられない」（＝会わせると大変なことになる）と主張して、面会交流を拒否したりします。

このような場合、どちらも「自分は正しい」と考えているため、どちらも要求を引っ込めるようなことはしません。

ところで、哲学者アリストテレスは、正義を「配分的正義」と「応報的正義」の二つに分けています。「配分的正義」とは、人それぞれの価値に応じて名誉や金銭などが平等に分配されることです。一方、「応報的正義」とは、奪われたものを元の状態に回復させる正義のことです[16]。

家事調停事件について考えてみると、財産分与、寄与分、養育費請求等は配分的正義を求めるものであるといえますし、一方離婚に際しての慰謝料請求は、応報的正義の実現を目指すものといえるでしょう。

正義からの主張で留意しなければならないのは、ここでの「正義」は、「当事者の考えるところの正義である」ということです。当事者は、「自分の信ずるところの正義」を主張してきます。

そして、当事者は自分の正義について、家事調停の場で、「正当である」と認めてもらいたい気持ちをもっています。つまり、裁判官や調停委員会に、「あなたの言うことは正しい」とのお墨付きをもらいたい心境があるのです。

## 4　当事者との向き合い方

### (1)　前向きでない当事者

家事調停事件の当事者には、調停に「前向きな当事者」と「前向きでない当事者」の二つのタイプがいます。

ソーシャルワークでは、前向きな利用者を「ボランタリーな利用者」といい、前向きでない利用者は「インボランタリーな利用者」と呼んでいます。

前向きな当事者——つまり、ボランタリーな当事者は、家事調停に対して前向きで、積極的な気持ちや姿勢をもつ当事者です。こちらは調停に対して動機づけがあらかじめされていますから、調停の場面で調停担当者が苦労することはあまりないでしょう。

問題は、もう一方の前向きでない当事者の方です。前向きでない当事者——つまり、インボランタリーな当事者は、調停に対しては消極的な姿勢や構えや考えをもっています。

インボランタリーな当事者は動機づけに乏しく、問題に対する認識が低かったり、調停に対して消極的あるいは逃避的だったりして、調停の枠に入りにくい面があります。

インボランタリーな当事者の中には、以前にも家事調停を経験していて、そのときに苦い経験をしたため、調停担当者や家事調停に対して反発の気持ちをもっている人も含まれています。このような当事者は見た目だけではわからないので、扱いが難しい面があります。

家事調停では、調停に対する姿勢や構えや意識が、申立人と相手方とでは違っているのがほとんどです。それでも、一般に相手方は調停に出てきてくれるので、調停機関としては相手方の気持ちや思いについて深く考えたりはしませんが、実際にはインボランタリーな当事者は複雑な気持ちや思いをもっているので、その気持ちや思いをどこかで受け止めてあげることが必要です。

そのため、インボランタリーな当事者に対しては、調停の最初の段階でラポールの形成に時間とエネルギーを十分注ぐことが望ましいといえます。

とくに、家事調停にマイナスの感情や拒否的な心情をもつ当事者に対しては、最初にマイナス感情から脱却させることが必要で、それには当事者がマイナス感情を口にすることができるように、公平さを保ちながら傾聴の姿勢をとっていくことが大事になります。

### ⑵　当事者のもつ「二つの不安」

当事者としっかり向き合うには、当事者のもつ「二つの不安」を理解する必要があります。当事者のもつ二つの不安とは、直面している問題そのものに対する不安と、担当者はどう対応するのかという不安です。私はこの二つの不安について、ソーシャルワークの授業で学びました。

直面している問題そのものに対する不安とは、「自分の抱えている問題はこれからどうなるのか」、「自分や家族は今後どうなってしまうのか」といった、問題そのものに対する不安です。

一方、担当者はどう対応するのかという不安は、「担当者はどんな人か」、「きちんと話を聴いてくれるのか」、「非難されたり、馬鹿にされたりはしないか」といったような、自分の問題を扱う担当者に対する不安です。

ですから、調停担当者の最初の仕事は、当事者のもつこの二つの不安を受け止め、それを緩和して信頼関係を築いていくことになります。

具体的には、当事者の緊張感を和らげ、当事者が話しやすい雰囲気にして、「ここで話しても大丈夫ですよ」という安心感と安全感を当事者にもたせていくことです。

調停の最初の場面でこのことをやっておくと、当事者から信頼を得ることができ、その後の進行・運営がかなり楽になっていくものと思います。

### ⑶　受容する

次に考えることは、当事者および当事者の話の受容です。受容や共感的理解といった言葉は、家事調停でも重要なキーワードですので、調停担当者は常に心がけているとは思いますが、実際にはなかなかできにくい事柄でもあります。

先に、家事調停における紛争の中心テーマは、「日常生活におけるいら立ち」であると説明しました。そこでは、当事者はわだかまりが強ければ強いほど、不平・不満や否定的な言葉をたくさん述べてきます。家事調停は、このわだかまりや不平・不満を聴くことから始まります。

そして、当事者はわだかまりや思いを吐き出すことによって、こころの安定感を取り戻し、そこから自分で自分の問題を整理したり、自分自身についてあらためて考える機会をもつことができるのです。

ですから、耳を傾けてくれた担当者に対しては、当事者は「この人は話を聞いてくれる」という思いをもち、信頼感を寄せるようになるのです。

ここでのポイントは、当事者、当事者の生活、また当事者の考えといったものに対し、絶対に否定しないことです。当事者の生活は価値観に基づく日々の暮らしの継続であり、家族の文化が反映されたものです。当事者が生きてきた道筋、生活の仕方や習慣、また、その人の生活への願いや思い等は尊重しなくてはなりません。

当事者を否定するような言動は、絶対に避けてください。そうしないと、調停担当者は当事者から信頼感をもたれないばかりか、反発されたり、時には拒否されてしまいます。

そうなってしまってからでは、第三者として当事者間の紛争解決の話合いを進めていくことはできません。

## 5　当事者理解の方法

家事調停では、当事者および当事者の問題をよく理解する必要があります。

### ⑴　ニーズ（needs）の理解

調停担当者は、当事者の真意や本音を知ろうと努める傾向があります。しかし、当事者の真意や本音をつかむのは簡単ではないうえ、真意や本音を探っても、それが紛争の解決に結びつくとは限りません。

家事調停においては、真意や本音より当事者のニーズ（needs）を知ることのほうが重要であると私は考えます。「当事者は何を求め、それによって何を満たそうとしているのか」と、ニーズ（needs）の理解に努めるのです。

当事者のニーズ（needs）は真意や本音よりも把握しやすいうえ、当事者のニーズ（needs）に沿った解決ができれば、調停の目的はほぼ達せられるものと私は考えます。

ですから、調停で目指すべきものはニーズ（needs）であり、それを知り解決に結びつけることです。当事者のニーズ（needs）は、当事者の真意や本音と結びついています。ですから、こちらのほうが真意や本音よりも扱いがやさしいのです。

また、当事者のニーズ（needs）をつかみ解決に結びつけていくには、ニーズ（needs）を明確化する必要があります。一般に、調停において、当事者は希望（wants）や要求（demand）のかたちで主張をしてくることが多いのですが、これをそのまま受け止めてしまうと、当事者の希望（wants）や要求（demand）に振り回されてしまいかねません。

ですから、調停では当事者の希望（wants）や要求（demand）は、それはそれとして受け止める一方、「当事者が真に求めているものは何か」と調停担当者の道徳や価値観でニーズ（needs）をとらえ直したり、客観的にとらえていくことが必要になります。

**〈図表４〉　当事者のニーズ（needs）をとらえる視点**

| | 当事者の wants ／ demannd | 調停担当者が認識する needs |
|---|---|---|
| 根拠 | 希望・要求 | 道徳・価値 |
| 根拠の性質 | 主観的・内在的 | 客観的・外在的 |
| 判断基準 | 利害（快・善） | 善悪（正・不正） |

社会福祉士養成講座編集委員会編集『現代社会と福祉（第３版）』（中央法規出版、2013）155頁より引用：一部改変

そうやって当事者のニーズ（needs）を明確にしながら、そのケース（事件）ではどのような援助や解決が必要なのかと、ケースを全体としてとらえていくことが重要です。

### ⑵　「感情」と「価値観」の理解

より良い解決をするには、当事者をよく理解する必要があります。そして、当事者を理解するには、当事者の「感情」と「価値観」を理解することが必要になります。このことも、私はソーシャルワークの授業で学びました。

「感情」を理解することは、当事者が「何を望んでいるか」を理解すること

です。たとえば、当事者は聞き手が「自分の話をよく聞いていない」と思うと、同じことを何回も繰り返して説明してきます。

それでも話が伝わっていないと思うと、当事者は次第に声を大きくしたり、荒げてきたりします。これは、「私の話をしっかり聞いてよ」と言いたいがためです。

また、「価値観」を理解することは、当事者が「なぜそれを望むのか」を理解することにつながります。

**〈図表5〉 価値観・感情と主張・行動の図**

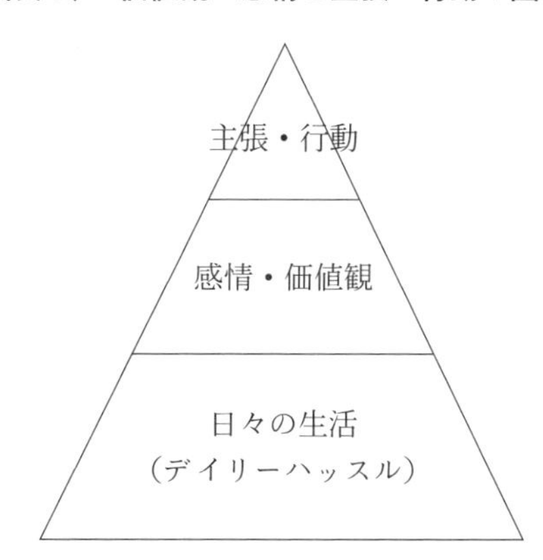


たとえば、私たちは服を着て生活していますが、仕事にいくときの服装と、休日に遊びにいくときの服装とでは、一般に違うのが普通でしょう。

これは、仕事（公）と遊び（プライベート）という違いがあると同時に、その人の価値観も関係しているためです。

つまり、人にはそれぞれ価値観があり、その価値観や好みあるいはセンス等によって、その場そのときにふさわしい格好を各人が選択して着ているわけです。考え方や生活の仕方にも、価値観が関係しています。

ですから、当事者をよく理解するには、当事者の感情と価値観を理解するようにすると、当事者をよく理解できるようになります。

そして、当事者の行動や言動の意味を理解するには、その経緯を聞くと同時に、その行動や言動の背後にあるところの感情や価値観もいっしょに聞いていくようにすればよいのです。

具体的には、「そうされたのは、何か理由やお考えがあったのですか？」と尋ねていき、当事者の感情と価値観をとらえるようにするとよいと思います。

### ⑶　内的観点からの理解

当事者を理解する場合、内的観点と外的観点についても知っておくと、たいへん役に立ちます。

内的観点とは、「あなたについてのあなたの見方」または「私についての私の見方」のことです。たとえば、離婚問題で苦しんできた当事者に対して、「あなたはずっとつらい思いをしてきたのね」というような見方です。

一方、外的観点とは、「あなたについての私の見方」あるいは「私についてのあなたの見方」のことです。こちらでは、離婚問題で苦しんできた同じ当事者に対して、「あなたよりもっとたいへんな人がいます」というような見方です。

内的観点および外的観点については、説明だけではわかりにくいので図で説明すると、〈図表６〉のようになります。

**〈図表６〉　内的観点と外的観点**

| | 私について | あなたについて |
|---|---|---|
| 私の見方 | 私についての私の見方<br>（内的観点） | あなたについての私の見方<br>（外的観点） |
| あなたの見方 | 私についてのあなたの見方<br>（外的観点） | あなたについてのあなたの見方<br>（内的観点） |

ネルソン・R＝ジョーンズ（相川充訳）『思いやりの人間関係スキル』（誠信書房、1993）111頁から作成

そして、相手の話に耳を傾け、相手を理解するスキルは、外的観点からで

はなく内的観点から話を聞くことにあるとされています[17]。

## 6　効果的な援助方法

### ⑴　ソーシャルワークの援助効果

当事者としっかり向き合うには、当事者に対する調停担当者の援助姿勢が大事になります。ソーシャルワークにおいては、クライエントとの関係を強化するソーシャルワーカー側の要素としては、①共感、②あたたかみ、③誠実さの三つがあげられています[18]。

また、心理療法における効果研究の結果によると、クライエントに対する援助効果は、次のようになるとされています[19]。

①　治療外要因(40%)　　クライエント側の要因(たとえば、自我の強さ)と環境側の要因（たとえば、幸運な出来事、社会的サポート）

②　治療関係の要因（30%）　　共感、あたたかさ、受容性、危険に向き合うことへの激励等

③　期待（プラセボ効果）要因（15%）　　クライエントがセラピーやセラピストに対して抱く期待や希望等

④　技法的要因（15%）　　特殊なセラピー（たとえば、バイオフィードバック、催眠、系統的脱感作等）に特異的である要因

したがって、当事者に対する援助効果を高め、解決を促進するには、共感、あたたかみ、誠実さの三つの姿勢で当事者に接することが大切です。

また、技法的な要素は割合的にあまり大きくはなく、むしろ、そこでは当事者と良好な関係をもつことがポイントになります。

### ⑵　信頼関係

ソーシャルワークにおいては、援助者はクライエントと信頼関係を構築することがなによりも重要視されています。

クライエントは初回面接時あるいは最初の接触時に、「ワーカーは必要な援助を提供できるのか」、「信頼に足りるのか」、「自分を理解してくれるのか」

等について判断しようとし、ワーカーはこのことをよく理解して、十分な準備をし、できる限りの情報把握、考察を行うことが重要であるとされています[20]。

このことは、家事調停でも同様と思われます。実際ある女性調停委員は、調停がうまく成立したときの状況について、「調停が備えている人間関係調整機能の特性を念頭におきながら何回も回を重ねるうち、当事者と調停委員との信頼関係が成り立ってきた時点で、絡み合った糸がほぐれ始め、双方が納得して合意のある解決で終了した時は嬉しいものです」と述べています[21]。

# 第2章

# 家事調停の機能と技術

家事調停は、裁判所が家事調停制度を用意していることにより行われています。したがって、しっかりした調停を行っていくには、家事調停の機能について知ると共に、調停技術を身に付けることが必要です。

# I　現行の家事調停制度

## 1　家事調停の機能

### (1)　司法的機能と人間関係調整機能

家事事件手続には、司法的機能と人間関係調整機能の二つがあるとされています[22]。このうち人間関係調整機能について、梶村太市常葉大学教授（弁護士、元判事）は、「調停事件は紛争当事者間の人間関係の調整機能が重要な役割を果たす。当事者の情緒的混乱を少なくし、理性的な解決能力を回復させるための心理的・社会的働きかけは欠かせない」と説明しています[23]。

また、調停委員の手引書である『五訂調停委員必携（家事）』（日本調停協会連合会）には、意見の対立が当事者の感情面に由来する場合、「当事者に感情のしこりが残る場合には、調停委員が事実認定、法的判断あるいは条理に基づく説明をしても、当事者がこれを受け入れにくいのは当然である。かような場合には、その情緒的混乱を鎮めて、冷静になり、正しい合意ができるよう家事調停委員が人間関係調整機能を十分に発揮すべき時である」と説明されています[24]。

家事調停には司法的機能と人間関係調整機能とがあり、司法的機能と人間関係調整機能は対比されて、司法的機能が主で人間関係調整機能は従と一般にはみられています。

しかし、私は、人間関係調整機能は手段としての側面が大きいので、目的やプロセスに関係する司法的機能とは、対比されるべきものではないのではないかと考えています。

人間関係調整機能は司法的機能においてもむしろ必要とされるものであって、その意味で、人間関係調整機能は司法的機能と肩を組むべき性質のものではないかと思っています。

家事調停の目的やプロセスに関係する司法的機能と対比されるべきものは、人間関係調整機能よりもむしろ福祉的機能といえるでしょう。

野田愛子元判事は、たとえば離婚事件において、法的判断の側面のほか、当事者の人間関係の葛藤を調整したり、老人や幼児に対する扶養が必要と認めるときには、社会福祉機関に連絡するような人間関係調整や社会福祉的側面が関係することを述べていますが[25]、家事調停の福祉的機能については、もっと重視されるべきであると私は考えています。

福祉的機能は家事調停では重要な機能であり、また、現在の家事調停において、いちばん求められているものではないかと思います。

それは、実際の家事調停において、福祉的機能が求められたり、必要とされる場面が少なくないからです。そのことを、夫婦の離婚問題を一つの例として、次に考えてみることにしましょう。

### (2)　離婚問題と福祉的機能

家族社会学では、家族とは「夫婦・親子・きょうだいなどの近親者を主要な構成員とし、成員相互の深い感情的かかわりあいで結ばれた幸福（well-being）追求の集団である」ことを先に説明しました。

ウェル・ビーイング（well-being）とは、満足のいく状態、安寧、幸福、福祉などを意味する言葉です。ですから、家族は幸福――別の言葉でいえば、安寧や福祉を追求する集団といえます。

ところで、日本では協議離婚が約９割を占めていますが、協議離婚の場合、夫婦が離婚を選択し、子の親権者を決めて離婚し、新たな生活に至る道筋は次頁〈図表７〉のように示せます。ここでは、離婚は家族の幸福追求機能の弱体化ないし崩壊とみることができます。

協議離婚では、子の親権者、養育費、面会交流、財産分与等について、夫

**〈図表7〉 協議離婚の経路**

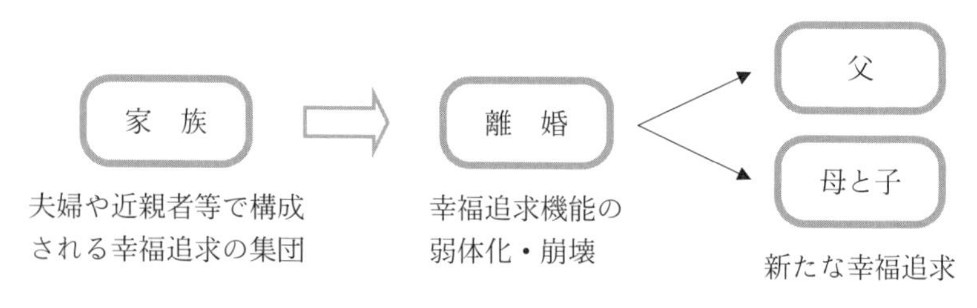


婦が自分たちで決めていきますが、離婚後ひとり親家庭の生活が立ちいかなくならないように、国や地方公共団体はいろいろな福祉施策や自立支援策を用意しています。

**〈図表8〉 ひとり親家庭等の自立支援策の体系**

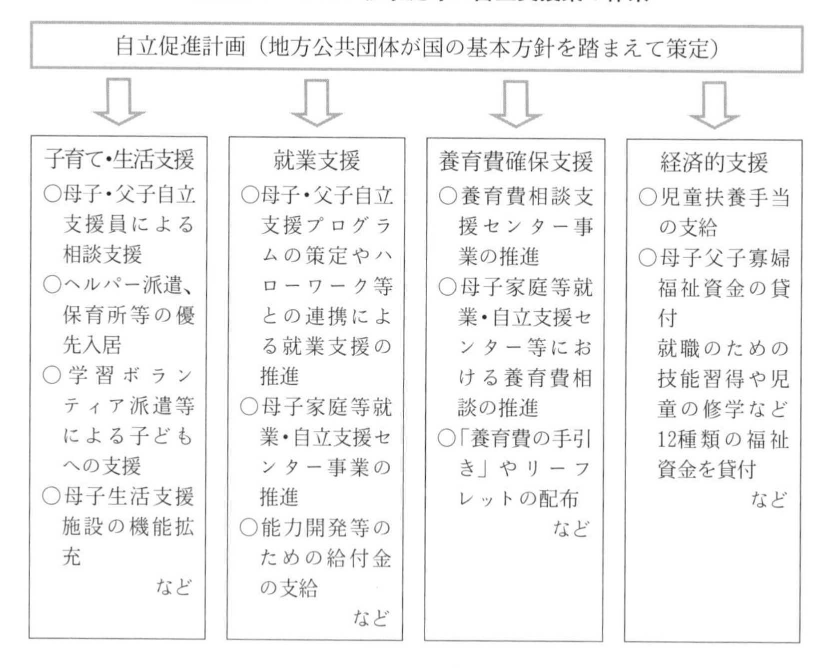


厚生労働省雇用均等・児童家庭局家庭福祉課母子家庭等自立支援室「平成25年度母子家庭の母及び父子家庭の父の自立支援施策の実施状況」(厚生労働省、2014）より引用

また、平成24年９月には、「母子家庭の母及び父子家庭の父の就業の支援に関する特別措置法」も成立しました。

現在国のひとり親家庭への自立支援策は、「子育てと生活支援」「就業支援」「養育費の確保」「経済的支援」の四本柱で行われており、〈図表８〉のようになっています[26]。

これをみてわかるのは、ひとり親家庭においては、子育て、生活費の確保、就業、養育費の確保等さまざまな困難に立ち向かわなくてはならず、そのため国や地方公共団体は、ひとり親家庭の生活が困窮したりせず、自立できるよう、さまざまな自立支援策を用意しているということです。

また、「母子及び寡婦福祉法」は平成26年10月から「母子及び父子並びに寡婦福祉法」に名称が変わり、父子家庭についても法律名に盛り込まれました。

### ⑶　家事調停の福祉的機能

では、夫婦が調停で離婚したような場合、離婚調停はどのような位置になるのでしょうか。先の協議離婚の場合の図表を使って説明すると、〈図表９〉のようになります。

〈図表９〉　離婚調停の位置と役割

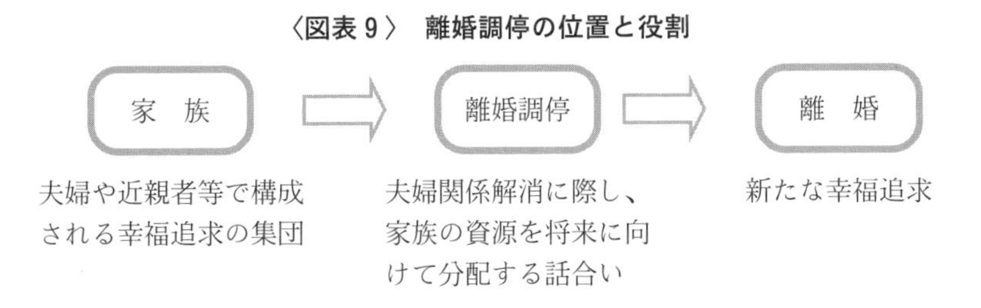


ここでは、家事調停は、家族員個々の幸せ（福祉）について話し合う格好になります。実際、離婚調停で問題となる、子の親権者、財産分与や養育費また面会交流等といったものは、その典型ともいえます。

つまり、離婚調停は家族の資源分配の話合いの意味をもっており、現在および将来の家族員個々の生活の安定と幸福（福祉）追求を図るための話合いなのです。

したがって、家事調停を勝ち負けレベルで考えていてはいけないと思います。このことは当事者にもよく説明し、調停の話合いを、家族員個々の幸せ（福祉）を目指すものにしていく必要があります。

これをみると、家事調停においては幸福（well-being）追求機能が大きな役割を果たしており、それは家族の福祉そのものであることがわかります。そして、このように福祉的機能（幸福追求機能）の割合が大きいものは、他の調停ではみられません。

このことからわかるように、福祉的機能（幸福追求機能）が家事調停の大きな特徴といえ、この福祉的機能（幸福追求機能）が十分発揮されてこそ、家事調停は高く評価されるものと私は考えています。

したがって、調停担当者は家事調停の福祉的機能（幸福追求機能）についてよく認識し、それを踏まえた調停の進行・運営や当事者対応を行っていくことが望ましいといえます。

### ⑷　家事調停の機能と位置

ここで家事調停の機能についてもう一度整理してみると、〈図表10〉のように説明できます。家事調停には司法的機能ともう一つの機能として福祉的機能（幸福追求機能）があり、その二つの機能は主従関係にはなく、並び立つものです。また、そのどちらの機能にも、人間関係調整機能が求められます。

**〈図表10〉　司法的機能、福祉的機能、人間関係調整機能**

したがって、家事調停に携わる場合、調停の進行・運営が司法的機能に偏ったり、反対に、福祉的機能ばかり重視するような場合は、どちらもバランスを欠くものになります。

また、家事調停の置かれている位置については、〈図表11〉のように整理できます。そこでは、家事調停は、司法的機能、ADRの原理、福祉的機能（ソーシャルワーク）の三つが重なり合ったところに位置していることになります。

**〈図表11〉　家事調停の位置**

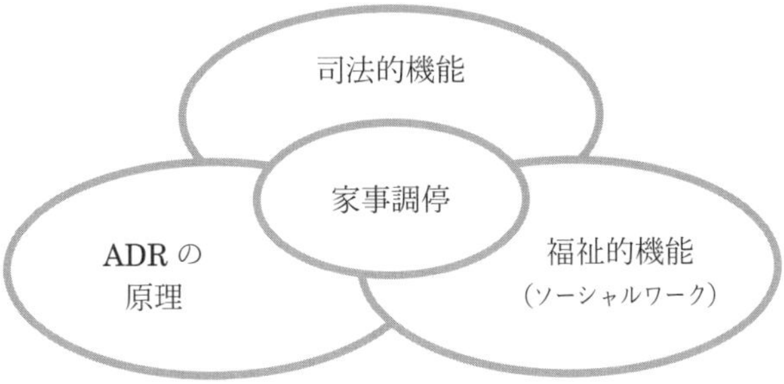

司法的機能
家事調停
ADRの
原理
福祉的機能
（ソーシャルワーク）

家事調停は、裁判所が司法サービスの一つとして行っているため、司法的機能がもちろん中心にはなりますが、当事者間の問題や紛争をよりよく解決するには、ADRの原理や福祉的機能（ソーシャルワーク）も重要な要素になります。

家事調停の機能に関する議論では、これまで、ADRの原理や福祉的機能（ソーシャルワーク）についてはあまり重視されてきませんでした。

しかし、家事調停のあるべき姿を考えた場合、また現代の家事調停のあり方を考えた場合には、ADRの原理や福祉的機能（ソーシャルワーク）といったものが重要な機能になるものと思います。

したがって、家事調停に従事するということは、「司法の一翼を担う」と同時に、「当事者の福祉（幸福）に関与する」ということでもあります。

そして、家事調停の福祉的機能が、家事調停の実際の評価やレベルを決めているのではないかと私は考えています。

### ⑸　法の三類型

P・ノネとP・セルズニックは、法のあり方を三つに分類しています（次頁〈図表12〉参照）[27]。

ここでは、前近代社会の抑圧的法は、支配者が被支配者を抑圧し黙らせるための手段であり、また近代社会における自律的法は、社会のメンバーが等

**〈図表12〉　法の三類型**

| | 抑圧的法 | 自律的法 | 応答的法 |
|---|---|---|---|
| 法の目的 | 秩序。 | 正当化。 | 能力。 |
| 正当性 | 社会防衛と国家理性。 | 手続的公正。 | 実質的正義。 |
| 準　則 | 粗雑でこと細かに規定するが準則作成者に対する拘束力は弱い。 | 複雑に発展している。治者にも被治者にも共に拘束力ありとされる。 | 原理や政策に従属する。 |
| 法的推論 | その場限り。便宜主義的で特殊主義的 | 法的権威に厳格に従う。形式主義と法規主義に陥りがち。 | 目的論的。認知能力の拡大。 |
| 裁　量 | 偏在的。機会主義的。 | 準則によって画限される。委任の幅は狭い。 | 拡大される。だが目的に関して答責を負う。 |
| 強　制 | 広汎。抑制は弱い。 | 法的抑制によって制御される。 | 代替手段を積極的に探究する。たとえば誘因、義務の自己維持的システム。 |
| 道　徳 | 共同体道徳。法道徳主義。「束縛の道徳」。 | 制度的道徳。すなわち法的過程の完潔性保持が最大の関心事。 | 市民的道徳。「協同の道徳」。 |
| 政　治 | 法は権力政治に服従する。 | 法は政治から「独立」。諸権力の分立。 | 法的願望と政治的願望とは統合される。諸権力の融合。 |
| 服従の期待 | 無条件的。不服従自体が反抗として処罰される。 | 準則からの乖離が法的に正当化される。たとえば、制定法や命令の効力を試すものとして。 | 不服従は実質的害悪に照らして評価される。<br>正当性の問題を投げかけるものとして眺められる。 |
| 参　加 | 忍従。批判は不忠とされる。 | 確立した手続によって利用権が制限される。法批判の端緒。 | 法的弁護と社会的弁護との統合によって利用権は拡大される。 |

P．ノネ＝P．セルズニック（六本佳平訳）『法と社会の変動理論』（岩波書店、1981）21頁より引用

しく従うべき普遍的ルールになっています。

一方、現代社会では、普遍性を維持しつつも実質的正義が目指され、法的弁護と社会的弁護が統合されて、市民的道徳に基づく応答的法が求められるとしています。

家事調停事件を通してこのことを考えてみると、非正規職の割合の増加による経済的格差の問題やひとり親家庭および子どもの貧困の問題が社会問題化していますが、家事調停は従来、それらの問題は社会福祉の範疇であるとして、調停でそのことに対する手当て等は格別行ってきませんでした。

しかし、調停離婚したひとり親が、その後子どもの養育費も満足に受け取れず、また非正規職のために収入も少なく、貧困家庭の範疇に陥ることがめずらしくない今日の状況を考えるとき、家事調停においても、経済的弱者をなるべくつくらない方向で対応していかなくてはならないのではないでしょうか。

それは、社会的な弁護（保護）と法的な弁護（保護）とを統合化していくことにほかならず、家事調停においても応答的法を視野に入れ、運用していかざるを得なくなっているように思います。

## 2　家事調停の構造

次に、家事調停の解決構造とその特徴についてみていきたいと思います。

### ⑴　家事調停の基本構造

家事調停の基本構造は、次頁〈図表13〉のようになっています。申立人が調停申立てを行い、そのことが相手方に通知され、相手方の出席を促し、当事者双方が調停に出席して話合いを行うというものです。

調停には、人格識見が高かったり、専門的能力をもつ調停委員や裁判官（家事調停官）が加わり、事情聴取、争点整理、調停案の策定、合意形成に向けた説得を行っていきます。

**〈図表13〉　家事調停の基本構造**

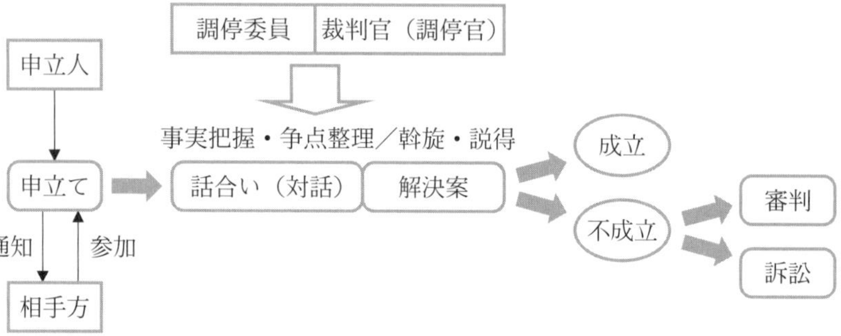

調停委員　裁判官（調停官）

申立人

事実把握・争点整理／斡旋・説得

成立

申立て　話合い（対話）　解決案

審判

不成立

通知　参加

訴訟

相手方

### ⑵　家事調停の進め方（定式）

では、そこで、家事調停はどのように進められているのでしょうか。家事調停は一般に、三段階の経過をたどって進められます。

高野耕一元判事は、調停手続について、①問題点の探知、②調停判断（調停案の策定・提示）、③調停合意の形成とし、「これは調停の論理的・定型的な三段階であって、『調停モデル』というべきである」と説明しています[28]。

具体的には、①では、「当事者の話をよく聞」き、「正しい問題点を把握すること」、②では、「問題をつかんだ上で、具体的なケースの解決にふさわしい法もしくは条理に即した調停案というものを調停委員会が作って、これを当事者に提示する」こと、③では「説得」を行い、そこでは、「論理と情とプラスアルファが最後にものをい」うと述べています[29]。

そして、現在の家事調停も、基本的にはこの三段階で行われています。たとえば、今井勝弁護士は論稿「調停委員研修のあり方」の中で、調停の進め方について以下のように説明しています[30]。

第一段階＝紛争の真相（紛争の根源となる原因・特性）の把握

第二段階＝問題点の整理（当事者の特性、事案の争点、証拠の評価）

第三段階＝受け入れ可能な提案（調停案）の立案

第四段階＝合意に向けた支援（調整と説得）

ここでは四段階になっていますが、高野耕一元判事の①（事情聴取と）問題点の探知が二つに分かれただけで、実際には高野元判事の進め方と同じです。

また、大阪家庭裁判所家事調停研究会の研究報告書では、調停の進め方について以下のように説明しています[3]。

○実情把握段階

・調停委員が事案の概要や紛争の実情を把握する

・当事者をリードしながら、的を射た事情聴取をする。

・効率よく的確に事案を把握する。

○争点整理段階

・争いのない点は何か、対立しているのは何かを明確にして論点を絞り込む。当事者にも争点は何かを理解してもらう。

・当事者の話をよく聴いて実情を把握した後は、解決すべき問題点を中心にして話合いを進め、合意形成を目指す。

○合意形成段階

・その合意が、裁判所がかかわる合意として妥当なものといえるか注意する。また想定外の紛争を可能な限り防止する。

したがって、高野元判事が述べた家事調停の三段階の進め方は、現在行われている家事調停の「基本形」とみることができます。

ところで、失敗学を提唱している畑村洋太郎東京大学名誉教授は、社会や会社の中には確立された成功の「定式」というものがあって、「こうやればうまくいく」というやり方のことを「定式」と呼んでいます[31]。

それにならうと、家事調停の三段階の進め方は、家事調停の「定式」とみることができます。

### ⑶　家事調停の解決構造

ここまでを整理すると、家事調停の解決構造は次頁〈図表14〉のように整理できます。ここでは、調停機関が当事者から話を聞き、「当事者の問題を引き受けて」解決する構造になっています。

では、このような「定式」で進められている家事調停には、いったいどのような特徴や課題があるのでしょうか。

〈図表14〉　家事調停の解決構造

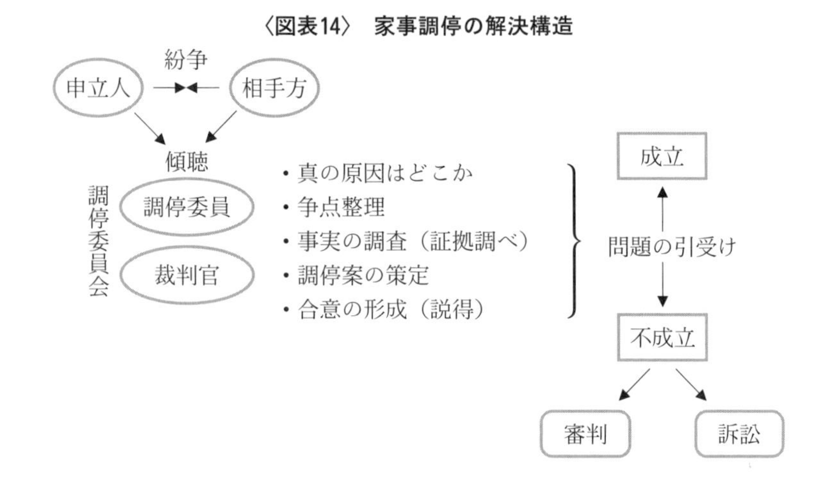


## 3　家事調停の特徴

### ⑴　解決を意識した構造

特徴の１は、「解決を意識した構造」ということがいえます。しかも、この解決構造は、「調停前置主義」にみるように「二段階の解決構造」になっています。

稲田龍樹学習院大学法科大学院教授（元判事）は、「離婚紛争は法的な面と非法的な面とからなり、非法的な面としては、情緒的心理的な面と社会経済的な面がある。法的及び非法的な二つの面を一緒に解決するために、まず家事調停の手続きを経ることとし、後に離婚訴訟に進むものと定められている」、また、「乙類審判（筆者注：家事事件手続法別表第二事件）の手続きの現状は、二段の階層化を志向するのとほぼ似た意味で、前置乙類調停、後置乙類審判という二段の階層化した連携を志向する一連のものとして、調停審判手続きのあり方を整備していると理解できる」と説明しています[32]。

しかし、家事事件手続法になってから、家事調停の進め方には変化がみられます。それは、「調停に代わる審判」の活用です。

調停に代わる審判とは、「主として話合いによる任意の譲歩に応じない一方当事者の意向又は双方のわずかな意見の相違により、調停が成立しない場合や、一方当事者が手続追行の意欲を失っている場合に、当事者の異議申立ての機会を保障しつつ、裁判所がそれまでに収集した資料に基づき、合理的かつ具体的な解決案を示す制度」です[33]。

調停に代わる審判は、家事審判法の下では一般調停事件で活用されることが多かったのですが、家事事件手続法下においては、一般調停事件に限らず別表第二事件の調停にも当てはまることから、対象事件の範囲が広がりました（家事事件手続法284条）。

そして、家庭裁判所では、別表第二事件について調停に代わる審判が確定した場合、審判移行後に審判をする場合と比べて早期に紛争解決が図れることから、紛争解決の手段として広く活用していくことは、意義のある取組みであるとみています[33]。

これをみると、家事調停は「二段階の解決構造」であると先に説明しましたが、家事事件手続法下においては、①当事者間の話合い、②調停に代わる審判、③審判または訴訟（法的決着）と、実際には「三段階の解決構造」を志向しているといえるでしょう。

一般に、家事調停は「話合いによる紛争解決」、あるいは司法型ADRと理解されています。しかし、家事調停は単なる話合いではなく、このような段階的構造になっているので、家事調停の解決構造を理解するには、このことをよく知っておく必要があります。

コリン・P・A・ジョーンズ同志社大学法科大学院教授は、「家事調停は『裁判外紛争処理手続』と認識されている（中略）が、家事調停はやや趣を異にする。どこが違うかと言うと、家事調停は、それが調わず、裁判官が決着をつける家事審判に移行する可能性を視野に入れて進められる」と述べ、家事調停は一般的なADRとはかなり趣が違うことを述べています[34]。

家事調停では話合いを行い、当事者間で合意ができない場合には、家庭裁判所が事情をくんで調停に代わる審判を行い、当事者がそれに異議を唱えた場合には、次に審判や訴訟に進んでもらうという三段階の構造になっているのです。

このことは、家事調停が紛争解決を強く意識している構造からきているとみることができます。また、家事調停に家庭裁判所のもつ人的資源である家庭裁判所調査官を投入していくのも、紛争解決を強く意識しているからにほかなりません。

### ⑵　調停機関の深い関与

特徴の2は、「調停機関の深い関与」があげられます。「深い関与」とは、調停機関が「主役」になっていることです。

高野耕一元判事は、「調停に直接かかわるのは、当事者と調停委員会ですが、（中略）当事者が主役なら、裁判官や調停委員はわき役になる。そんなことはありえない。当事者と調停委員会は『共同主役』と呼ばれるべき」と述べ、裁判官や調停委員は当事者とともに「共同主役」であると説明しています[35]。

一方で、家事調停においては、当事者主導の考え方が主流になっているといいます。たとえば、大阪家庭裁判所家事調停研究会の研究報告書では、「現在では調停委員会主導型ではなく、当事者主導型の調停が主流の考え方になっています」と説明しています[3]。

しかし、実際には、家事調停において当事者は客体として扱われています。今井勝弁護士は論稿「調停委員研修のあり方について」において、「当事者は紛争の真相を解明するための重要な情報源であるとともに、当事者は調停委員が合意に向けた説得をし、調整する対象でもあります」と述べています[30]。

つまり、当事者は事情聴取される対象であり、人間関係調整の対象であり、そして、調停委員が合意に向けての説得をする対象なのです。また、対立や衝突が激しいほど、解決に向けての動きや判断の主導権は、調停機関側がもつことになります。

したがって、家事調停は「当事者主体」や「当事者主導」を目指していながら、実際には、当事者を客体にしてしまうという「大きな矛盾」を抱えているのです。

### (3) 問題を引き受けての解決

特徴の3は、当事者の「問題を引き受けての解決」ということがあげられます。その長所と課題は以下のように整理できます。

【長所】

(ア) 司法の枠組みおよび裁判官の参加により、法的判断が下され、内容が適正・妥当かつ公平・公正で、安定した解決が図られる。

- 家事調停は、審判例が蓄積されていて判断基準が明確になっているものや、養育費算定表のように判断基準が示されているものの解決は得意。
- しかし、たとえば子どもをめぐる事件において、従来の判断基準（たとえば、「母親優先の原則」や「継続性の原理」）にブレが生じたり、面会交流事件のように、判断基準がしっかりとは定まっておらず、しかも一律には決めにくいような事件の場合には、解決に苦心する。

(イ) 家事調停委員に人を得た場合、解決は早くなる。

- 弁護士や元裁判官など調停実務経験があり法知識にも明るい人の場合は、当事者に対する説明や説得も一般に得意で、紛争の解決において大きな力を発揮する。

【課題】

(ア) 調停担当者の意識や考え方、スキルや力量の差により、調停の進め方や経過および結果はまちまちになる。家事調停では、調停委員主体の調停が一般的ですが、そこでは、個々の調停委員の意識や考え方、質やレベルに差がある。

(イ) 当事者は「主役」とされながら、「自分の問題を自分で解決した」という意識や満足感はもちにくい。成立した場合でも、調停委員会主導の調停に対しては、当事者は「自分で自分の問題を解決した」という意識や満足感はあまりもてないことが考えられる。

(ウ) 当事者は「自分の主張を調停の中でいかに通すか」に熱心になり、相手との対話や解決案の検討等を通して自分と相手に対する理解を深めたり、相手側と協調的な関係になることはできにくい。

(エ) 調停が合意に達しなかったような場合、その原因は当事者側の責任にされがちである。たとえば、「自己主張が強い」とか「どちらも譲歩しない」といったように、不成立の原因が当事者側の責任にされやすい。

家事調停では、調停委員会が「問題を引き受けて解決」を図る構造になっているので、調停委員会や調停担当者のもつ調停観や法的、非法的な知識、および調停実施スキルといった要素が紛争解決には大きな影響力をもつことになります。

## 4　家事調停の話合い

### (1) 話合いの特徴

家事調停の当事者は、家庭内でさまざまな立場や役割や責任を負っている存在であることを先に述べました。ですから、家事調停の当事者の主張や要求は、当然その立場や役割や責任等を反映したものになります。

そして、家事調停では、このような当事者の立場や役割からの主張や要求を調停委員会がよく聞き、そこで折合いのつく解決案を考えるという構造になっています。

しかし、ハーバード流交渉術では、交渉者が立場をめぐって駆け引きをすると、立場に縛られて身動きがとれなくなり、「自分の立場を明らかにすればするほど、また相手の攻撃をかわして自分の立場を守ろうとすればするほど、ますます引っ込みがつかなくなる」と説明しています[36]。

ここからどういうことがいえるかというと、家事調停では当事者は「立場からの主張」を行い、また、調停においては「争点をめぐって話合い」をしていくので、当事者は自分の立場にいっそう固執しやすく、そのため柔軟性にも欠け、対立が深まっていきやすいということです。

家事調停では自主交渉援助型調停のように、立場と利害・関心とを分けていくという動きはとりません。そのため、当事者から立場からの主張をされると、それをそのまま受け止めていくため、調停での話合いは身動きが取れなくなってしまいやすいのです。

### (2)　同席調停と別席調停

家事調停でも同席調停は一部にみられますが、ほとんどは別席調停が行われています。

別席調停のメリットとしては、①当事者が自由に言いたいことを調停委員に言い尽くすことができること、②相手当事者に知らせると調整の余地がない自分の譲歩の限度を調停委員に提示できること、高度のプライバシーにわたる内容がある場合の発言など、実務上の理由があげられています[37]。

別席調停には長所もあります。しかし、家事調停の解決構造から考えた場合、当事者は立場からの主張をしてくるうえ、調停委員会は立場と利害・関心とを分けないまま話合いを進めるため、同席調停では対立激化や紛糾が生じやすく、そこで対立激化や紛糾をあらかじめ回避しようとして、別席調停が好まれているのではないかと私は考えます。

また、家事調停では、調停委員会が「問題を引き受けて」解決する構造になっているので、調停委員会が一方当事者から話を聞き、それを別の当事者に伝えるかたちでも話合いの進行は可能であり、同席調停がどうしても求められるわけではないことも理由にあげられます。

家事調停では同席調停が基本の時代もありました。たとえば、最高裁判所事務総局作成『調停読本』(1954) においては、「当事者双方及び代理人並びに利害関係人等を全部同時に呼び入れ」、「まず申立人側から申立の趣旨と紛争の要点を述べさせ、……相手に対しても同様の方法をと」り、そのうえで「同席で差し障りがあるような場合に別々に話を聴くことを説明」しており、現在よりもっと柔軟に考えられていました[38]。

したがって、家事調停の初期には同席調停が行われ、別席調停が柔軟に取り入れられていたものが、その後別席調停が一般化し、現在のようになったものと考えられます。

# Ⅱ　自主交渉援助型調停

## 1　自主交渉援助型調停とは何か

ここでは自主交渉援助型調停をとりあげ、家事調停と対比することで家事調停の性格と特徴を考えてみたいと思います。

### ⑴　自主交渉援助型調停の定義

自主交渉援助型調停では、定義がしっかりなされています。たとえば、平成22(2010)年に東京で開かれた日米ADRシンポジウムで来日したダニエル・M・ワイツ氏は、調停とは「中立的な第三者が、当事者に以下のことをするのを助ける非公開の紛争解決プロセス」とし、そこでは、「問題を特定し、考え方を明らかにし、選択肢を検討し、そして、相互に受入れ可能な合意を形成する」と説明しています[39]。

アメリカでは、さまざまな調停機関がmediationの定義をしていますが、その内容は実にさまざまです（〈図表15〉参照）[40]。

そして、そこではmediationについて「紛争解決プロセス」と説明するものが多く、この点は、家事調停の「紛争（の自主的）解決をめざす」とらえ方とは若干違っています。

一方、日本においても、自主交渉援助型調停の定義がなされています。たとえば、調停人養成教材では、自主交渉援助型調停とは、「互譲の名のもとに、『回避』『妥協』『相手に従わせること』に説得して向かわせるのではなく、双方の当事者がそれぞれの利益を重視し、双方が満足できる解決策を見つけようとするもの」と説明しています[41]。

### ⑵　自主交渉援助型調停の解決構造

自主交渉援助型調停では、「調停は、当事者自身の話合いによって両当事者が納得できる解決を目指すものである」と説明されています[41]。

〈図表15〉 Mediation の定義例（各主体が提案する定義）

| 主　体 | 定　義 |
|---|---|
| UMA | 調停とは、当事者間の紛争で当事者自身が自発的に合意に達することができるように、調停人が当事者間のコミュニケーションや交渉を促進するプロセスを指す。 |
| ADR Institute of Canada | 調停とは、当事者が、中立の第三者を指名し、自由意思に基づく解決を達成することを試みるプロセスのことである。中立の第三者は判断を下さず、当事者はそのプロセス（進行）をいつでも停止することができる。秘密で偏見のないものである。当事者は独立した法的助言を探すことが推奨されており、自由意思に基づく解決が達成され、当事者が合意文書に締結したときのみ拘束力を持つようになる。 |
| Federal Judicial Center（連邦司法センター）Guide to Judicial Management of Cases in ADR | 調停とは、中立の第三者である調停人が、当事者間の交渉を促進して、当事者の紛争解決を手助けする、柔軟で非拘束的な紛争解決プロセスである。 |
| AAA（American ArbitationAssociation）米国仲裁人協会 | 調停とは、当事者が拘束力を持たない合意に至るために中立の第三者が支援するプロセスをいう。 |
| JAMS | 評価的調停とは、裁判で導き出せるであろう結果を「試験」することをいう。自主交渉援助型調停とは、コミュニケーションを広げ、解決の選択肢の創造を助けることをいう。 |
| Loyola Law School The Center for Conflict Resolution | 紛争にある人々が、中立の第三者とともに、同席し、直接顔を合わせて話をすることをいう。 |

入江秀晃『現代調停論－日米 ADR の理論と現実』（東京大学出版会、2013）18頁より引用

また、自主交渉援助型調停の段階と関連スキルは、以下のように説明されています[42]。

開始

情報の収集

アジェンダの作成

話合いの進行

コーカスの選択

終結

### ⑶　「教師学」にみる解決構造

ここでは、自主交渉援助型調停の流れをもう少しわかりやすく説明するため、「教師学」の話合いの進め方を取り上げてみたいと思います。

「教師学」とは正式には Teacher Effectiveness Training といい、日本語訳は「教師として効果をあげるための訓練」になります。

これは臨床心理学者トマス・ゴードンが開発したもので、その背景には、「親業」（Parents Effectiveness Training）――「親としての効果を上げるための訓練」があります。

教師学では教育学者ジョン・デューイの６段階の問題解決過程を取り入れ、問題解決を６段階で進めていきます。その６段階とは、以下のような内容です[43] [44]。

準備段階＝解決法の説明

第１段階＝欲求を明確にする。

・自分の欲求を私メッセージで出し、相手の欲求をアクティブ・リスニングで受け止め、互いの問題点を明確にして確認する。

第２段階＝可能な解決策を出す。

・さまざまな解決策を思いつくまま出す。批判や評価をしない。

第３段階＝解決策を評価する。

・一つひとつ評価し、自他の欲求を満たし、実行可能なものを検討する。

第４段階＝最善の解決策を決定する。

第５段階＝実行に移す。

・誰が何をいつまでにするか。

第6段階＝結果を評価する。

私は毎年夏に東京で開かれる「教師学事例研究発表会」（親業訓練協会主催）に参加していますが、そこでは教師の方々が、生徒間の紛争やトラブルを、教師学の解決法に則って解決した事例をいくつも発表しています。

## 2　解決を促進する要因

### (1)　立場と利害・関心の分離

ハーバード流交渉術では、立場と利害・関心とを分けていきます。それは、交渉における本当の問題は表面に出されている声高な主張ではなく、その根底にある当事者の要望や関心等の利害で、利害が背後にある隠れた動機で人を動かしていると説明しています[36]。

そこでは、以前にも述べましたが、自分の立場に縛られると身動きがとれなくなること、また自分の立場を守ろうとすればするほどますます引っ込みがつかなくなり、「合意は遠のく」と説明しています[36]。

ハーバード流交渉術では、このような交渉を「立場駆け引き型交渉」と呼び、それは意志のぶつかり合いのため解決が困難になると述べ、それを避けるための四つの基本点をあげています。

四つの基本点とは、①人＝人と問題とを分離せよ、②利害＝立場ではなく利害に焦点を合わせよ、③選択肢＝行動について決定する前に多くの可能性を考え出せ、④基準＝結果はあくまでも客観的基準によるべきことを強調せよです[36]。

現在世界では自主交渉援助型調停が多く行われていますが、そこではハーバード流交渉術が交渉理論の基本理論とされています。

イギリスで弁護士資格を取り、香港、シンガポール、オーストラリアでmediatorの公認資格を取得した加藤照雄英国弁護士から聞いたところによると、それらの国々ではハーバード流交渉術が交渉理論の基本で、「それ以外のものは認められていない」といいます。

したがって、現代のADRではハーバード流交渉術が交渉理論の基本理論となっており、人と問題の分離や立場よりも利害・関心に焦点を当てた話合い等が、当然のこととされているのです。

したがって、世界のADRの動きを考えた場合、家事調停も遅かれ早かれこの方向に向かうことは避けられないように思います。

### (2) 共通の利害とニーズ

自主交渉援助型調停では、共通の利害とニーズが重要になります。ハーバード流交渉術では、共通の利益は合意を得るきっかけであり、「それを役立たせるためには、共通の利益を明らかにし、それを共通の目標として設定することが望ましい」こと、「共通の利害を強調すれば、交渉をスムーズにし、関係はより友好的にできる」と説明しています[36]。

また、コンフリクト・マネジメントに詳しい鈴木有香氏も、コンフリクトの渦中にいると、相手と異なる点がみえやすくなるが、むしろ、「相手との共通点を探すように心がけ、共通点が見出されたら、それを言語化することが重要である」と述べています[45]。

共通の利害・関心の重要性について考えてみるため、ここでは医療メディエーションの例を取り上げてみることにします。

**〈図表16〉 医療事故におけるニーズの共通性**

| 患者・遺族側のニーズ | | 医療者側のニーズ |
|---|---|---|
| 悲嘆体験から回復したい | ―― | 事故体験から回復したい |
| 真実を究明したい | ―― | 真相を究明したい |
| 誠意ある対応・謝罪が欲しい | ―― | 誠意ある対応をしたい |
| 再発防止策をとって欲しい | ―― | 再発防止対策に向けてフィードバックしたい |
| 単なる金銭問題ではない | ―― | 単なる金銭問題ではない |

和田仁孝＝中西淑美『医療コンフリクト・マネジメント』シーニュ、2005、7頁より引用：一部改変

医療事故が起きたような場合、患者・遺族側は感情を前面に出し、さまざまな主張や要求をしてきます。しかし、患者・遺族側のニーズと医療者側のニーズとは、実はかなりの程度共通しているのだといいます（〈図表16〉参照)。そこでは、共通点を確認し合うことで、協調的姿勢になれるといいます[46]。

ここで、共通の利害や関心に焦点を当てると「なぜ話合いが促進するのか」ということの意味について考えてみると、それは「共通項でくくれる」ためです。

つまり、患者・遺族側の利害や関心と医療者側の利害や関心の一致している部分が話合いの「共通項」になり、そこの部分では話合いが可能になるのです（〈図表17〉参照)。

この共通の利害や関心を見出すには、当事者双方が同席して話合う必要があります。自主交渉援助型調停では、そこに共通項（利害や関心）を見出し、それについての話合いを行っていきます。

**〈図表17〉　利害・関心の一致の意味**

| | 患者・遺族側の問題 | | 患者・遺族側の問題 | |
|---|---|---|---|---|
| 相手の問題は聴く（アクティブリスニング） | 命を返せ<br>刑事告発する<br>悲嘆体験からの回復<br>真実を究明したい<br>誠意ある対応・謝罪をしろ<br>再発防止策をとれ<br>単なる金銭問題ではない | → | 命を返せ<br>刑事告発する | |
| | | → | 悲嘆体験からの回復<br>真実の究明<br>誠意ある対応・謝罪<br>再発防止策<br>単なる金銭問題ではない | 共通のニーズ（共通項）（話合いが可能） |
| 自分の問題は伝える（私メッセージ） | 事故体験からの回復<br>真実を究明したい<br>誠意ある対応をしたい<br>再発防止対策<br>単なる金銭問題ではない<br>検証をしっかりやる<br>事故防止研修をする | → | 検証をしっかりやる<br>事故防止研修をする | |
| | 医療者側の問題 | | 医療者側の問題 | |

したがって、そこでは同席での話合いが可能であり、また同席でなければ、当事者双方に共通する利害・関心を見出したり、共通の利害・関心をめぐる話合いもできないことになります。

### ⑶　問題所有の原則

自主交渉援助型調停には、「問題所有の原則」というものがあります。通常、人間関係における問題の所有をめぐっては、三つの状況があるとされます。

一番目は相手が問題をもつ、二番目は自分が問題をもつ、三番目は相手も自分も問題をもたないの三つです。

そして、誰が問題を所有しているかをみるツールとして、トマス・ゴードンは教師学において、「行動の四角形」というものを考えています（〈図表18〉参照）。行動の四角形とは、だれが問題をもっているかをみる「窓」のことです[47]。

教師学では、この中の「問題をもたない」領域にあたる部分に、共通の利害・関心やニーズが入る格好になります。

「問題所有の原則」とは、否定的な感情を体験している人こそが、その思いや感情を「所有」しており、その解消はその人にしかできないこと、そのた

**〈図表18〉　行動の四角形**

| 対応の仕方 | | |
|---|---|---|
| 伝える<br>（私メッセージ） | 自分（妻）が問題を持つ（領域） | 夫は生活費をくれない<br>離婚したい<br>子どもと養育費が欲しい |
| 関係を深める<br>（会話の領域） | 人間関係に問題なし（領域） | 離婚・親権者 ｝対話の領域<br>養育費・面会交流→調整領域 |
| 聞く<br>（アクティブリスニング） | 相手（夫）が問題を持つ（領域） | 妻とは一緒に暮らせない<br>子どもは妻に懐いている<br>子どもには会いたい |

トマス・ゴードン（近藤千恵訳）『ゴードン博士の人間関係をよくする本』大和書房、2002、55頁より引用：内容を離婚調停に改変

め、問題を所有する人がその問題を解決しなければならないとされています。

そこでは、第三者が誰かのために何かをすることは「助け」でよくなく、その理由は、相手の問題を助けることは救助行動となり、「救助」は相手の問題を自分が所有してしまうことで、それは「他の誰かが代わりにしてしまう」ため、救助される人を犠牲にしてしまうと説明されています。

そして、このような場面で求められるのは「支援」であって、支援とは「その人とともに何かをすること」と説明されています[47]。

# 調停技術

## 1　調停技術とは何か

調停では調停技術が重要です。では、家事調停における調停技術とは、いったいどのようなものなのでしょうか。

### ⑴　ツールと技術

調停技術についてわかりやすく説明するため、ここでは、大工さんの技術と比較しながら考えていくことにします。

この考え方は、私がソーシャルワークを学んだ江戸川大学総合福祉専門学校の小林恵一先生から教えていただいたものです。

小林先生にこの考え方の出典元を尋ねたところ、「オリジナルな考え」とのことなので、同先生の許可を得てここに説明させていただきます。

この考え方は、技術における人と技術とツールとの関係を上手に説明していて、非常にわかりやすく参考になります。その考え方とは、次のようなものです。

大工さんの仕事は家を建てることです。その技術の一つに、木を正確に切るという技術が求められます。その場合、技術は〈図表19〉のように図示できます。

**〈図表19〉　大工の技術**

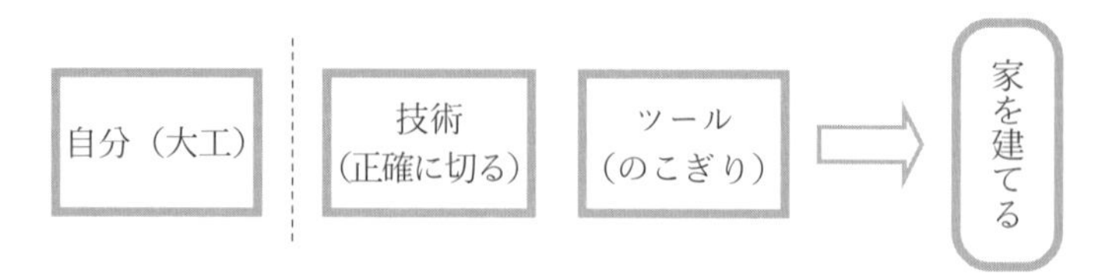


これをみてわかるように、技術が発揮されるには、ツール（のこぎり）が

必要になります。技術はツールと一体となっており、ツールなくして技術は発揮されません。

そして、一般に良い技術をもつには、良いツールが必要とされます。たとえば、包丁を研ぐのも、包丁の切れ味を最高にするためです。また、ツールを考えた場合、包丁における砥石のように、ツールのためのツールというものも存在します。

そのため、プロになればなるほど、最高の技術は最高のツールで発揮されることになるので、プロにとっていちばん大事なのはツールということになります。

### ⑵　調停技術における「ツール」

では、調停技術はどのように説明できるのでしょうか。調停の技術は、〈図表20〉のように、自分の中に技術とツールが一体化して含まれていることが特徴です。

〈図表20〉　調停技術の一体化の図

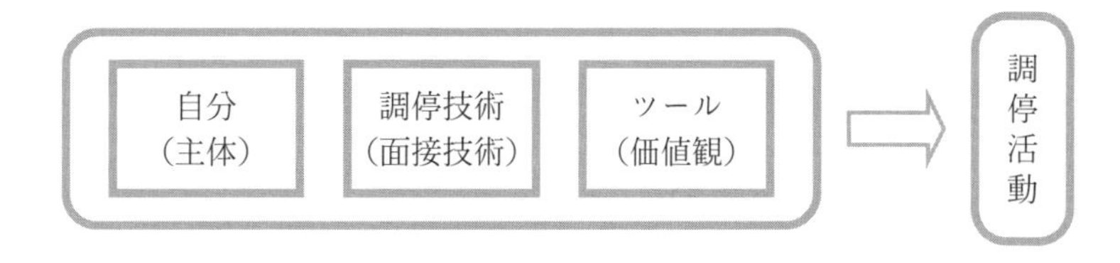


ここでは、調停技術におけるツールは、自分自身（価値観）になります。つまり、自分自身がツールであり武器になるのです。そのため、調停技術は、調停担当者の価値観と密接不可分な関係にあります。

大工さんの技術では、どのような思想・信条や主義・主張をもっていようと技術にはほとんど関係しませんが、調停技術においては、たとえば、調停担当者が「夫婦は子どものために離婚すべきではない」という考えの持ち主であるような場合、その考えや価値観は調停技術にも反映されていきます。

また、調停の場面で目にする例としては、たとえば男性調停委員の中には、会社に勤務していたときの自分の成功体験を、当事者に対してとくとくと語るような方がいます。また、調停手続に明るい調停委員の中には、調停手続に関する説明を長々とするような方がいます。

これらの方々にとっては、成功体験や調停手続に関する知識が自分のツールであるため、当事者が誰であっても自分のツールを活用しがちなのです。しかし、このようなツールは、実際には狭い範囲でしか通用しないものです。

また、調停技術は、当事者とのコミュニケーションの中で展開されます。調停技術は当事者と向き合い、当事者とのコミュニケーションの中でしか、その技術を発揮することができないのです。

したがって、調停技術は、調停場面以外ではその技術を発揮したり、それだけを取り出すことも困難なのです。ここに、調停技術の一つの難しさと特徴があります。

ですから、調停技術を考える場合には、調停担当者自身がツールであり武器なのですから、調停担当者は自分自身を磨かなければいけないということになります。

## 2　家事調停と調停技術

### ⑴　待ち望まれる「家事調停の技術」

レビン小林久子九州大学教授は、調停トレーニングに関する論稿の中で、裁判所の調停制度について、「彼らが持つ経験とノウハウは、もし、体系的に研究・整理されたなら、これから調停を目指す若い実施者にとっては言葉では形容できないほど有意義な知識である」が、「残念ながら現在、そのような知識は、他の分野の専門家たちに紹介も共有もされないまま眠っている」と述べています[48]。

紛争解決の主流がADRである現在、歴史と実績のある裁判所の司法型調停の技術は、他のADR関係者にとっては参考にしたい事柄でしょう。

しかし、ADR法（裁判外紛争解決手続の利用の促進に関する法律）の下で現在活動している民間ADRの大半は、自主交渉援助型調停（対話促進型調停）

を採用しており、調停のスタイルにおいても、調停技術においても、司法型調停にその範を求めているものはありません。

レビン小林久子教授は、調停において調停人は、「当事者の話合いを進行させる役目を担っており、そのため、紛争を分析する能力やコミュニケーション技法といった科学的知識が要求されている」と述べていますが[48]、紛争の分析面においても、コミュニケーション技法においても、家事調停から外部に向けての情報の発信は多いとはいえません。

家事調停に関する情報発信は主に裁判官や弁護士や学者によるのがほとんどで、そこでは家事事件手続法に関する説明だったり、家事調停手続や家事調停事件等に関する法律面の説明がほとんどです。

### ⑵　経験主義と見取り稽古

戦後新たにスタートした家事調停では、調停委員は“見取り稽古”と経験主義によって調停技術を学んでいきました。

ある男性調停委員は、「当初２、３年は先輩相調停委員の指導のもと、全くの見習委員であった。事件の数を重ね次第に調停の進めかたの様子を理解し、調停委員として機能し始めたのは、５、６年経過した頃ではないか」と述べています[49]。

調停委員に対する研修は、家庭裁判所主催、調停協会主催、自主研修とさまざま行われましたが、自主研修を除けば研修回数は多くはなく、また、「初任者研修を除けば委員一律に同じ研修内容で研修されることが多」い実情でした[50]。

このように新任調停委員は、先輩調停委員のやり方を見て覚える“見取り稽古”からスタートし、受けなければいけない研修は初任者研修のみで、他は自主的な研修や勉強会が多く、また裁判官から法律の話を聞いたり、研修会やケース研究を自主的に行って学んだのです。

ちなみに、雑誌「ケース研究」は、最高裁判所事務総局家庭局、裁判官、家庭裁判所調査官、婦人調停委員らが多数参加して家庭事件研究会を組織し、その機関誌として昭和24年10月創刊されました。

ですから、一般的には、任命当初の一定期間、先輩調停委員の調停に同席し、調停の進め方等をみて覚えていくのが普通の学び方でした[51]。

### ⑶　家事調停委員の質の向上

このような調停委員の姿は、昭和49年を境に変化していきます。それは、調停委員および調停手続のあり方に関して検討していた臨時調停制度審議会が、昭和48年3月に答申を出し、家事調停の新たな方向を示したためです。

この結果、「民事調停法及び家事審判法の一部を改正する法律」(昭和49年10月1日施行）と「民事調停委員及び家事調停委員規則」が定められ、調停委員制度と調停手続の改善が図られました。

この改正につき、小山昇北海道大学名誉教授は、「重要事項のひとつは家事調停委員の充実です。すなわち、調停委員の質の向上です」とはっきり述べています[52]。

また、野田愛子元判事は、以来各家庭裁判所では調停委員の採用に慎重な審査が行われるようになり、最高裁判所が任命を行い、全国的に調停委員の専門化と若返りが図られたこと、また答申の趣旨に沿って、「調停委員の執務能力の向上のための研修やケース研究が従前にも増して盛んに、かつ、組織的に行われるようになった」と述べています[53]。

調停委員の質の向上と研修の充実が、家事調停の抱える大きな問題として以前から認識されていたのです。

### ⑷　家事調停委員の研修

その後、調停委員の研修会や研究会等が活発化していきますが、調停委員の研修には次のような特徴があります。

まず、研修は各家庭裁判所ごとに行われ、裁判官や裁判所職員（家庭裁判所調査官や書記官等）が主に講師役をしていること。したがって、たとえば裁判所職員総合研修所に調停委員が集められ、カリキュラムに沿って中央研修を受けるというようなことはありません。ですから、調停委員の学ぶ内容もカリキュラムも、庁ごとに違いがあります。

研修の仕方は、初任者研修（数日)、ベテラン調停委員との同席調停、手引書（『家事調停の手引』）や書籍（『調停委員必携（家事）』等）での学習、自主研修（調停協会主催）、家庭裁判所との協議会や意見交換会、自主勉強会（自己研鑽）、裁判官との勉強会等です。

最近の傾向としては、初任調停委員がベテラン調停委員と同席して調停活動を学ぶ三人調停の機会が、次第になくなりつつあります。ですから、新任調停委員は、同性の調停委員の活動をみる機会がほとんどありません。

研修の内容は、家事調停手続と家事事件の説明（法知識の付与）、ロールプレイ、ケース研究、服務規律や調停委員の心構え等が主なものです。

家事調停では、調停委員の研修プログラムは家庭裁判所ごとにつくります。研修内容は工夫されていますが、自主交渉援助型調停にみるように、必須時間を設けて実施スキルの習得を図るといったことはありません。ですから、調停委員は全般に、実施スキルの習得が十分図られていないところがあります。

また、家事調停は、司法的機能、ADRの原理、福祉的機能（ケースワーク）が重なりあったところに位置することを先に述べましたが、研修の内容は調停手続の説明や家事調停事件に関する法知識の付与が主で、ADRの原理や福祉的機能（ケースワーク）についての説明は少ない状況にあります（〈図表21〉）。

**〈図表21〉　調停委員研修における研修内容別の割合の大きさ（イメージ）**

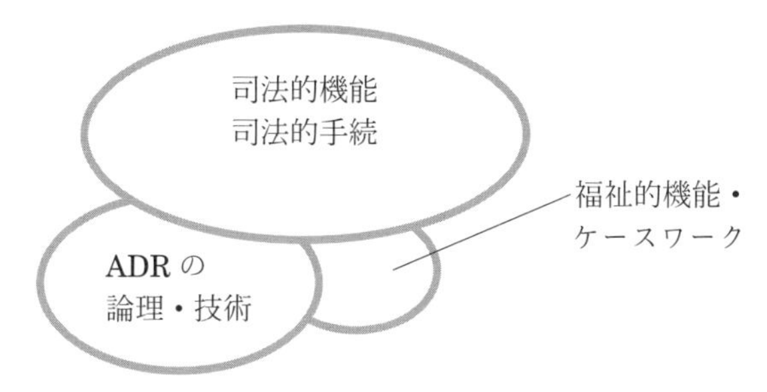

## 3　当事者と向き合う基本姿勢

ここでは、調停担当者が身に付けるべき基本的姿勢について取り上げたいと思います。

### (1)　バイスティックの７原則

ケースワークの父バイスティックは、ソーシャルワークにおいて、援助関係を形成するための７原則というものをあげています。

この原則は、ソーシャルワークの世界では、社会福祉士が理解しておかなければならない原則とされています[54]。

ですから、調停担当者も、「バイスティックの７原則」については知っておくべき事柄です。バイスティックの７原則とは、次のようなものです[1]。

原則１　クライエントを個人としてとらえる（個別化）

人は誰でも、自分は他のクライエントとは異なる存在であると意識している。

原則２　クライエントの感情表現を大切にする（意図的な感情の表出）

感情表現を大切にするとは、クライエントがとりわけ否定的感情を自由に表現したいというニードをもっているときちんと認識することで、ワーカーは彼らの感情表現を妨げたり、非難せずに、援助という目的をもって耳を傾けること。

原則３　援助者は自分の感情を自覚して吟味する（統制された情緒的関与）

これは、クライエントの感情に対する感受性をもち、クライエントの感情を理解し、援助という目的を意識しながら、クライエントの感情に適切なかたちで反応すること。

原則４　受け止める（受容）

対象となるクライエントは、健康さと弱さ、可能性と限界、好感のもてる態度ともてない態度、肯定的感情と否定的感情、受けとめられる振る舞いと受けとめかねる行動など、すべてを含んだありのままの姿。とりわけ、ケースワーカーが否定したくなるようなクライエントのもつ側面を彼の現実としてとらえると同時に、尊敬の念を保ちつづけることが重要になる。

原則５　クライエントを一方的に非難しない（非審判的態度）

審判するという言葉の意味は、人の犯したあやまちが有罪であるか無罪であるかを決めることで、その過程では、行為が意図的に行われたか否か、またその行為が責められるべきか否かが追及される。クライエントを一方的に非難しない態度は、ケースワークにおける援助関係を形成するうえで必要な一つの態度で、それは、ワーカーが内面で考えたり感じたりしていることが反映され、クライエントに自然に伝わる。

原則６　クライエントの自己決定を促して尊重する（クライエントの自己決定）

人は自己決定を行う生まれながらの能力を備えている。それゆえ、ケースワーカーがクライエントの自由を意図的にあるいは故意に侵すことは、クライエントの生得の権利を侵し、ケースワーク臨床を破滅させる反専門的行為になる。

原則７　秘密を保持して信頼感を醸成する（秘密保持）

秘密を保持して信頼感を醸成するとは、クライエントが専門的援助関係のなかで打ち明ける秘密の情報をきちんと保全することで、そのような秘密保持はクライエントの基本的権利に基づく。秘密を打ち明けられた人が、打ち明けた人の意志に反してそれを暴露すれば、その行為は窃盗と同じで正義を侵す行為である。

調停担当者の仕事は、当事者の生活やこころの奥にまでかかわっていきます。したがって、バイスティックの７原則を理解し、調停活動において実践していくことが大切になります。

### ⑵　「喪失」体験の理解

離婚事件にしろ、子どもが関係する事件にしろ、そこに“隠れているテーマ”は「喪失」の問題です。調停担当者は、当事者の「喪失」感情について理解しておく必要があります。

作家井上ひさし氏は、離婚のときの心境について、「自分が過ごしてきた22〜23年間がすぽーんとなくなる。その恐ろしさ。結婚した直後から、ひとりぼっちでいる今の自分までの時間が、ぴたっとくっついて、間の人生がなくなった心細さというか、恐ろしさはすごかったですよ」と語っています[55]。

子どもの親権をめぐる争いや面会交流事件において、当事者がお互いに一歩も譲らないのも、そこに子どもとの別れ——つまり、“喪失”の問題があるためと考えられます。

ですから、調停担当者は、当事者が経験する「喪失」について、深く理解する必要があります。

**〈図表22〉　井上ひさし氏が離婚の際に感じた恐ろしさ**

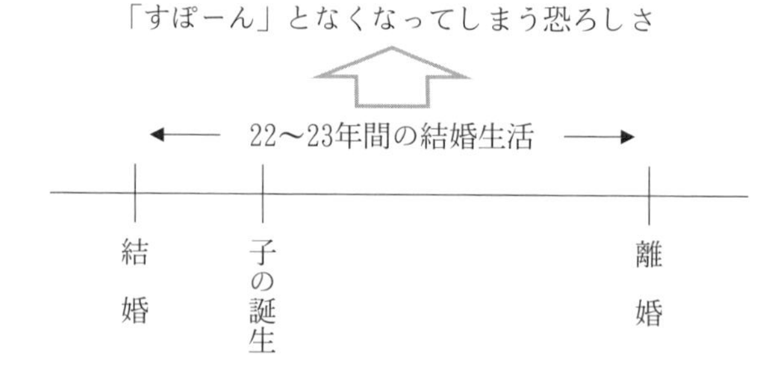


ところで、精神科医エリザベス・キューブラー・ロスは、著書『ライフ・レッスン』の中で、この喪失の問題について取り上げています。そこには、次のように書かれています。

「喪失は人生でもっとも苦しいレッスンのひとつではあるが、人は喪失なくしては成長できず、喪失なくして人生を変えることはできない」。「愛する人を亡くすことは、まちがいなくもっともつらい経験のひとつで」あり、「相手が生きていることがわかっていて、その相手と生活をともにすることができないという現実が、相手がこの世から永久にいなくなることよりも苦痛が大きく、あきらめることがむずかしいばあいもある」。また、「喪失そのものに劣らずつらいのは、喪失への予感である」と説明しています[56]。

また、エリザベス・キューブラー・ロスを有名にした「喪失の五段階」説は、痛手の大小や期間の長短を問わずどんな喪失にも応用することができること、喪失の五段階説とは、たとえばコンタクトレンズを落としてしまったような場合でいえば、次のようなものであると説明しています[56]。

「否定」……コンタクトレンズを落とすなんて信じられない!

「怒り」……ちくしょうめ。うっかりしていた。

「取引」……もしレンズがみつかったら、今度から注意をしよう。

「抑うつ」…がっかりだな。余計な出費がかさんでしまう。

「受容」……いいさ。いつかは落とす運命だったんだ。あしたの朝、買いに行こう。

エリザベス・キューブラー・ロスは喪失の五段階について、誰もがかならずこの五段階の喪失経験をするわけではなく、またこの順番で通過するものでもないとしたうえで、「喪失は人生のほかのレッスンとはちがうかたちで、人間のきずなを深めることに役立つ。喪失を経験すると他者を気づかう気もちが深まり、それまでとは違った深いつきあいができるようになる」と述べています[56]。

調停では共感的理解が重視されていますが、それは、この「喪失」に対する深い共感や理解と同じような意味においてだと思われます。

# Ⅳ　面接技術

## 1　非言語的コミュニケーション

### (1)　言語的コミュニケーションと非言語的コミュニケーション

人は言語的メッセージと非言語的メッセージの二つの情報を発しながら、コミュニケーションをとっています。したがって、この二つのメッセージ（情報）についても理解しておくとよいでしょう。

一般に、コミュニケーションにおいては、言語として伝えられるもの（言語的コミュニケーション）、言葉がどのような音声や調子で伝えられたか（準言語的コミュニケーション）、表情や動作などのボディランゲージ（非言語的コミュニケーション）の三つがあるとされています[57]。

また、アメリカの心理学者アルバート・メラビアンは、対面コミュニケーションにおいて「知覚される態度」への寄与度については、言語内容が7パーセント、音声が38パーセント、表情・視線・身体の動き・外観などが55パーセントとする「メラビアンの公式」というものを発表しています[58]。

したがって、表情・視線・身体の動き・外観等から発せられる非言語的メッセージは、考えられている以上に、コミュニケーションにおいては大きな割合を占めています。

精神科医成田善弘氏は、「人と人との間では、言葉によるコミュニケーションに加えてさまざまな非言語的コミュニケーションによって多くの意味が伝えられる。まなざし、姿勢、身ぶり、服装などはときに言葉以上に多くを語るものである」と述べ、「面接時間の約束が守れるかどうか、患者の服装、装飾品、表情、態度、面接室に入って椅子をずっと後に引くか、あるいは前に乗り出すように坐るか、腕組みをして話すか、体をゆったりと開いて話すか、視線が合うかどうか、その他患者の示すあらゆる非言語的メッセージに関心を払い、その意味を考えなくてはならない」とし、「言語的コミュニケーションと非言語的コミュニケーションとは、互いに補い合って同一の意味方向を志向する場合、あるいは矛盾した意味方向を志向する場合、あるいは各々別の水準で行われる場合がある。非言語的コミュニケーションは意識にのぼらない場合が多いが、意識化された言語的コミュニケーションよりも意識にのぼらない非言語的コミュニケーションの方が本音であることがある」と説明しています[59]。

家事調停では傾聴が重視されていますが、対人コミュニケーションにおける非言語的コミュニケーションの占める割合の大きさを考えると、非言語的コミュニケーションについても、ある程度の理解をもつことが必要です。

### ⑵　非言語的メッセージの理解

ソーシャルワークでは、非言語的メッセージを大事なものとして扱っています。ソーシャルワークにおいても、援助の基礎は相手の話をしっかり聴くことですが、それにはクライエントが言語的に伝えるものと、言葉以外の表情、顔色、声の調子など言葉の背後に隠された感情とがあるとされています[57]。

そして、観察は面接においてクライエントが非言語的に発しているメッセージを読み解く手段であり、そのメッセージは言葉によるメッセージと合致している場合と矛盾している場合とがあるといいます[20]。

また、F・P・バイスティックも、「聴くことと観ることは一人の人間を学習する重要な方法である」と述べています[1]。では、具体的に、当事者を前にしてどのように観察すればよいのでしょうか。

### ⑶　観　察

ソーシャルワークにおいては、訴える言葉のみに耳を傾けるのではなく、表情や態度などを観察し、それを通して主訴の背後にあるニーズや利用者の状態等を理解することが重要とされ、以下のようなことを観察する必要があるとされています[20]。

①　行動やしぐさや表情など、クライエントが非言語的に表すメッセージ

② 会話の流れ、話の一貫性のなさや前に語ったこととのギャップ、繰り返し述べられること、一番初めに語られたことと終わりに語られたことなど、クライエントが面接における会話の中で無意識に示していることの意味

③ ある言葉によってクライエントが連想すること

④ クライエントがストレスや葛藤を感じるポイント

そして、堂々巡りや繰返し、一貫性のなさなどは、クライエントが会話のなかで無意識に示していることであり、これらについては注意深く感知し、その意味を考えつつ対処する必要があること、また観察においては、ワーカー自身の解釈の仕方をつねに自覚しておく必要があり、先入観や予断を排除し、できる限り客観的にクライエントやその環境について観察できるように努め、一方的に決めつけないように留意することとされています。

家事調停では書面でのやりとりもあるうえ、調停の場での話合いの時間も限られているので、調停担当者は当事者をよく観察したり、その非言語的メッセージについてその意味をくみ取っていくような観察法は、実際にはあまり行われていません。

しかし、当事者を深く理解するには、よく観察し、当事者の出している非言語的メッセージをつかんだり、その意味を読み解いていくことが必要になります。

## 2 「沈黙」への対処

### (1) 「沈黙」の意味

調停担当者の話の聴き方研修では、「沈黙」についてはほとんど取り上げられません。しかし、当事者の話をよく聴くためには、沈黙の意味するものについて知っておくことが必要です。

精神科医成田善弘氏は、「沈黙の背後には実はさまざまな感情が存在する」とし、以下のような気持ちや感情を取り上げています[60]。

① 言葉にしにくい体験

自分でも自分の気持ちがもうひとつはっきり掴みきれないときに、たとえば重篤な病気になったとき、その不安や恐れや絶望はいくら言葉にしたところで他者にはわかりはしないという気持ちが生じ、そういう思いが強くなると、人は沈黙する。

② 自分を守る沈黙

他者の質問に対して沈黙を守るということは、病理の重い人たちにとっては自我の境界を守ることであり、質問に答えることは質問者の文脈で考えるということで、自分自身の文脈からは離れざるを得なくなるため、自分自身でなくなるのを防ぐために沈黙する。

③ 満ち足りた沈黙

向き合って互いに見つめ合う恋人たちの沈黙。

④ 大いなるものの前での沈黙

人は自分の力を超えた大いなるものに直面するとき言葉を失う（たとえば、死）。

⑤ 緊張をはらんだ沈黙

たとえば、患者の沈黙の中に疑惑や攻撃や悪意がうずまいているとき。

⑥ 創造の培地としての沈黙

創造的な仕事をするためには、孤独な沈黙の中で何物かが現れてくるのを待つように、偉大な作品の生まれる前には、作者は孤独の中で沈黙する。

⑦ 治療者の沈黙

われわれ（著者注;治療者）はつい口を出したくなる、説明したくなる、教えたくなる、主張したくなるが、それらを断念し、治療者の沈黙は、患者への肯定であり、受容であり、抱えであるとき、患者はその中で発見と想像を行うことができる。

これらの説明をみると、沈黙には実にさまざまなものがあることがわかります。調停の席で当事者が見せる沈黙についても、調停担当者はそれを大事に扱い、その意味を考えてみることが必要です。

### (2)「沈黙」との向き合い方

では、当事者の示す沈黙に対し、調停担当者としてはどのように向き合えばよいのでしょうか。精神科医成田善弘氏は、経験の浅い治療者は患者の示す沈黙の態度を、「治療に対する非協力や挑戦と受け取って、内心ときにはあからさまに患者を非難しがち」だが、「沈黙は非協力や挑戦とは限ら」ず、「心の内を語るにはそれなりの時間と準備が必要で」、「時が熟さなければならぬ」と説明しています[59]。

そして、面接関係がうまくいっているかどうかを知る一つの目安は、「その患者との沈黙の時間が治療者と患者の双方に苦痛や緊張を伴って否定的に感じられるか、それとも意味深い充実した時間として肯定的に感じられるか、で」わかり、「すぐれた治療者の面接には意味深い沈黙が多い」こと、また、患者が自分の内的体験や感情を十分に把握できずにとまどっているため沈黙する場合は、患者に対して「自分でもよくわからないのですか、それともわかっていても今は言いたくないのですか」と聞いてみるのがよく、患者が「自分でもよくわからない」と答えれば、「そこを一緒に考えてみましょう」と話を進め、「言いたくない」と答えれば、「いずれ言ってもよいという気持ちになったらきかせてほしい」と述べる一方で、「言いたくない理由のほうを教えてほしい」と聞いてみると、患者の考え方の意外な一面が明らかになることもあると説明しています[59]。

また、斎藤清二富山大学保健管理センター教授は、沈黙について、「相手に関心を持ち続けていることを態度で示しながら、沈黙を守っていることは、相手の発言を促す効果がある。聴き手が未熟であると、多くの場合沈黙に耐え切れず、聴き手のほうから何か話し出してしまうことによって、相手の話をさえぎってしまう。一般に、患者が自分で話すことばを探していると思われる沈黙の間は、こちらからは声をかけずじっと待っているのがよい。沈黙を続ける患者に対して、こちらもことばを発することなく、安定した態度でともに居続けることのできる技量は、聞き手の傾聴能力のバロメーターである」と説明しています[61]。

家事調停の場でも、当事者が沈黙する場面は少なくありません。そのような場合、ここで述べられているような知識と理解をもって接すると、当事者は沈黙の中にあっても、調停担当者に「話を聴いてもらえている」と感じているのではないでしょうか。

## 3　傾聴とは

### (1)　関心をもって聞く

話を聞く姿勢でいちばん求められるのは、「関心をもって聞く」ということです。信田さよ子原宿カウンセリングセンター所長は、クライエントの話の聞き方に関して、「過去の辛い経験を話すのは大変なこと」とし、「クライエントの立場からは、必死で話すのですから、『この人はどうでもいい気分できいているな』とか、『本当に自分に興味をもってきいてくれているな』ということはわかってしまいます。カウンセラーにとって大切なことは、関心をもってきくということです。そうすると、もっと語ろうとする。そこで『へえー』と感心したり、『ええ!!』と驚いたりすれば、もっともっと語りたくなる」と述べています[62]。

また、斎藤清二富山大学保健管理センター教授も、医療面接においてですが、良好な関係を確立するための基本的なメッセージは、「私はあなたに関心をもっています。私はできる限りあなたの役に立ちたいのです。どうぞ自由に自分を表現してください」というもので、患者はそこで「受容されている」、「尊重されている」と感じるのだといいます[61]。

人は自分に関心をもってくれる人に対しては、熱心に話をしようとします。自分の問題に誠実に向き合ってくれる人に対しては、人は「話を聞いてもらいたい」と考えるのです。

### (2)　家事調停における「傾聴」

家事調停でも、当事者の話を傾聴することが重要視されています。では、家事調停における傾聴とはどのようなものなのでしょうか。

家事調停における傾聴は、「当事者の主張の明確化や紛争の真の原因の把握あるいは当事者が納得する解決方法を発見するために、当事者の言うことを十分聴取し、また信頼感を得ていくことをめざす」と説明されています[24]。

また、『家事調停の手引』（最高裁判所事務総局）には、「当事者の信頼を得るためには、まず当事者の話を聴くことが必要。漫然と当事者の話を聞き流すのではなく、適正妥当な解決を探りながら話のポイントや当事者の求めているものを効果的に引き出すように努めることが重要である」と述べられ、聞き上手になることが目指されています[4]。

家事調停の「傾聴」の特徴は、そこに調停判断作業が含まれていることで、「調停での傾聴とは、単に当事者の話にうなずいて聴くことではなく、当事者が言わんとしていることを客観的な事実と主観的な事実に分類し、その意図を明確にするためのもの」とされています[3]。

したがって、家事調停における傾聴では、当事者の話に単に耳を傾けることではなく、話を聴く一方で、紛争の真の原因の把握や事実の明確化を行い、適正・妥当な解決策（案）や解決ポイントを考えていくことまで含めて「傾聴」と呼んでいることになります。

しかし、このような話の聞き方には、大きな負担とリスクが伴うように思います。なぜなら、いくら傾聴に努めたとしても、当事者の気持ちや考え、あるいはニーズや関心等は当事者自身のものなので、第三者がそれを正確につかむことは困難だからです。

また、調停担当者が当事者から話を聞いていく場合、そこでの話の受け止め方や理解には、“歪み”というものが生じる可能性があります。

たとえば、神経言語プログラミング（NLP）においては、「人間は誰でも、外的五感で現実を経験しながら、頭の中ではイメージを作り上げ、別のことを考えている」とし、人は、「削除」＝経験した事実から無作為に一定の経験要素を削除して無意識化すること、「歪曲」＝五感から収集した事実を変形すること、「一般化」＝ある状況で起こった出来事において、「その出来事が他のすべての状況でも起こる」と自分なりにルール化すること、といったことを行っており、「人は自分がつけた“意味の世界（内的世界)”に住んでい」る、と説明しています[63]。

ところで、家事調停で当事者からの批判がいちばん多いのは、「調停委員が話を聞いてくれない」というものです[51]。

その原因を考えてみると、調停委員は熱心に傾聴しているつもりでいても、実際には頭の中で調停判断作業を行っているため、当事者の話に神経が集中されておらず、別のところに注意がいってしまっているためではないかと考えられます。

また、当事者の話に熱心に耳を傾けていたとしても、無意識のうちに当事者の話に対して「削除」「歪曲」「一般化」といったことを行っていて、当事者の話を正しく受け止めていない可能性もあるように思われます。

このように、傾聴をめぐっては、克服しなければならない課題や困難がたくさんあります。

### ⑶ 「傾聴」とは何か

傾聴は今さまざまな分野で活用されています。たとえばコーチングにおいては、「話をよく聞くとは、黙って視線を合わせ、相手の話す速度に同調して、相づちを打つこと」とされています[64]。

また、私が学んだソーシャルワークの授業では、傾聴とは「手を机や膝の上に置き、前傾姿勢をとり、相手の顔や目を見ながら相手の話に相づちを打つこと」と教えられました。

つまり、聞き手が「この人はしっかり話を聴いてくれているな」という思いになるような姿勢をとり、実際に「話を聞いていますよ」というメッセージを聞き手に対して送ること、これが「傾聴」なのです。

傾聴は話の聞き手が行うものですが、それは聞き手のためにあるのではなく、話し手にとって、「この人はしっかり話を聴いてくれている」という思いになるようにすることが重要なのです。

## 4　傾聴の技法

### ⑴　「傾聴」の仕方

傾聴においては、話し手の「受容」と話を“実のあるものにする”ための「しぐさ」「相づち」「質問」が重要な要素になります。傾聴は、耳を傾ける作業だけで成り立っているものではありません。

このあたりのところの理解や指導が、調停担当者の研修では十分ではないのではないかと私は考えています。

話は展開していきます。そして、聞き手の傾聴の仕方によって話は深まっていくこともあれば、表面的な話で終わってしまうこともあります。

聴き方次第で、話し手がよく語ってくれたり、話し手が意識していなかった思いや気持ちまで、言葉にして引き出すことができるのです。

このように考えると、家事調停における「傾聴」は、次のように理解しておいたほうがよいのではないでしょうか。

①　「話し手」および「話し手の話」を受容する。

②　「しっかり聞いていますよ」という姿勢をとる。

③　適切な「しぐさ」や「相づち」を打つ。

④　“実のある質問”をする（オープン・クエスチョン、フィードバック、ミラーリング等）

一般的には、傾聴をここまで広げて説明することはありません。しかし、調停担当者が調停に携わる前に、傾聴のトレーニングを受けていることが少ない実情を考えれば、とおりいっぺんの傾聴の説明では、言葉だけの理解で終わってしまい、傾聴の姿勢をしっかり身に付けることができないように思います。

そのため、調停担当者の傾聴の理解では、当事者の受容から始まり、「しぐさ」「相づち」「実のある質問」まで含め、一連の行為としてとらえておくことが実際的と思われます。

当事者にはこのような姿勢で接し、当事者に「安心感」や「信頼感」をもたせ、こころの中にある気持ちや思いを落ち着いて語らせていく――これが、傾聴であるといえます。

当事者は調停担当者に受容され、安心して話すうちに自分を客観的に眺めることができるようになり、自分の考えを自分でもう一度見つめ直したりして、客観的な事実認識や現実理解ができるようになるのです。

### ⑵　医療面接における「傾聴」

医療面接でも「傾聴」は重要な技術とされています。まとめの意味で最後に、医療面接における傾聴について説明します。

斎藤清二富山大学保健管理センター教授は、傾聴とは「単に聞く（聞き流す）ことではなく、話し手が自分を表現することを促進するような、言語的、非言語的メッセージを送りながら聴くことである」とし、そこでは、以下のような態度が基本になると説明しています[61]。

①　傾聴の最も基本になる態度は、「患者の話を決してさえぎらずに、常に肯定的関心を持って耳を傾けること」である。

②　傾聴は単なる情報を得るための手段ではなく、その過程自体に心理療法的効果を含んでいる。傾聴は受容（受け入れられていること）を患者に実感させる最も効果的な態度である。

③　傾聴されるという体験は、患者の持っている悩みや苦しみを解放、発散させ、ともに歩んでくれる援助者の存在を実感させ、患者が自分自身で問題を解決し、自己治癒力を発揮させることに対する強力な援助となる。

④　傾聴は単なる技法ではない。傾聴的な態度は、他者への肯定的な関心を基本に、その技法を磨き続けることによって獲得されるものである。

ここでは、傾聴とは神経を集中して相手の話に単に耳を傾けることではなく、もっと奥が深く、それは相手に対する肯定的関心や援助者の存在を実感させ、相手の問題解決力や治癒力を援助していく技法であり、技法を磨き続けることによってやっと得られるものであると説明されています。

家事調停の当事者は、さまざまな悩みや生活上の困難を抱えている方々です。ですから、それらの方々の話に耳を傾けていくには、傾聴の技術を身に付けることがぜひとも求められるのです。

### (3)　話を掘り下げる

傾聴においては、話を掘り下げていくコミュニケーション技術も必要になります。ソーシャルワークでは、当事者が取り上げた問題を認知・行動レベルで探索することができるように励まし、援助する働きかけが重要とされ、それは当事者の問題を掘り下げるはたらきかけになるとされています。

そこでは、当事者の視点で問題を探索することが必要で、具体的な働きかけのコミュニケーションは、以下のようになります[20]。

①　問題を掘り下げる

「そのことについてもう少し詳しくお話していただけませんか？」

「どうしてそう思われるのですか？」

「いくつか例をあげていただけますか？」

②　問題の意味を明らかにする。振り返りと同意

「そのことはあなたにとってどんな意味がありますか？」

「それは大変でしたね」

「だから困ったのですね」

③　当事者自身の特徴に気づかせる

「あなたのようなタイプの方には、どのような方法がうまくいくと思われますか？」

このような技法は、当事者とのコミュニケーションのやりとりの中で、すぐに使えないと意味がありません。

## 5　アクティブ・リスニングの基本

自主交渉援助型調停では、アクティブ・リスニングが傾聴スキルの基本とされています。

### ⑴　アクティブ・リスニングとは何か

アクティブ・リスニングとは、ひたすら聴くことです。そこでは、聞き手は価値判断をせずに聴くことが大切とされ、価値判断をしないとは、「批判しない」、「同情しない」、「教えようとしない」、「評価しない」、「ほめようとしない」ことです[65]。

では、なぜそれが求められるのでしょうか。それは、価値判断をしてしまうと、それが聞き手の中で大きな位置を占め、話し手の話が入ってくるスペースが狭まってしまうこと、また、アクティブ・リスニングの目的は話し手の価値観や人生観を矯正することでもなければ、聞き手の価値観を話し手に理解させることでもなく、あくまでもその話し手の成長と発展を促すことにあるからです[58]。

アクティブ・リスニングで重要なのは、「受容」と「非受容」との関係を理解すること、また、応答の手法としての「フィードバック」や「ミラーリング」の技法の習得です。

### ⑵　「受容」と「非受容」

アクティブ・リスニングにおける「受容」とは、相手の言うことを「肯定」も「否定」もせずに受け、応えることです。

そこでは「聞く」という行為は相手の「受容」を意味し、「あなたの話をしっかり聴きます」という姿勢で、反対に相手の思いを否定すると会話は成り立たなくなり、「最悪の態度」とされています[58]。

そして、相手を受け入れていないと、次のようなことが起こりやすくなるといいます。

①　相手の思いを否定する（話の腰を折る、相手の見解を否定する、相手の提示したテーマを無視する）＝これらは「あなたの言うことを聞くつもりはない」という最悪のメッセージを伝えること。

②　結論を急ぐ＝これは「あなたの意見を聞くことは聞くが、長々と聞く気はない」というメッセージを伝えること。

③　自分の考えを押しつける＝これは、「あなたの言い分も聞くが、最終的

には私の意見にしたがえ」というメッセージを送ること。

では、肯定も否定もせずに話を聞くことがなぜ重要なのでしょうか。それは、人は自分を変えようとする聞き手側の意思を感じると、防御の姿勢になってしまい、相手の意思に抵抗するのに精力を使って、自分自身や問題自体をみつめることができなくなること、また、聞き手も何とか話し手を変えようとして、妙案を練り始めると、聞くことよりも考えることに意識が行ってしまい、「話し手と意識の距離を広げてしまう」からとされています[58]。

アクティブ・リスニングでは、聞き手は話し手をありのまま受け入れることが大切で、そこでは「話し手が『自分は認められ、受け入れられている』と感じるよう言葉や態度で伝えること」、そうすると、「話し手自身が客観的に自分を見つめ、新しい視点から状況を検討し、問題解決の糸口を見つけ、苦難を乗り越える力を得ていく」のです[58]。

## 6　アクティブ・リスニングの実際

### (1)　フィードバック

フィードバックとは、聞き手が、相手が話した内容を正確に受けとめたかどうかを確認する作業であり、聞き手が話し手に返す言葉とされています[58]。

そこでは、聞き手は、「話し手の言葉を受け止めて、相手の言葉の意味をより明確にして話し手に向かって言葉として返す」ことが必要で、きちんと把

〈図表23〉　フィードバックの図

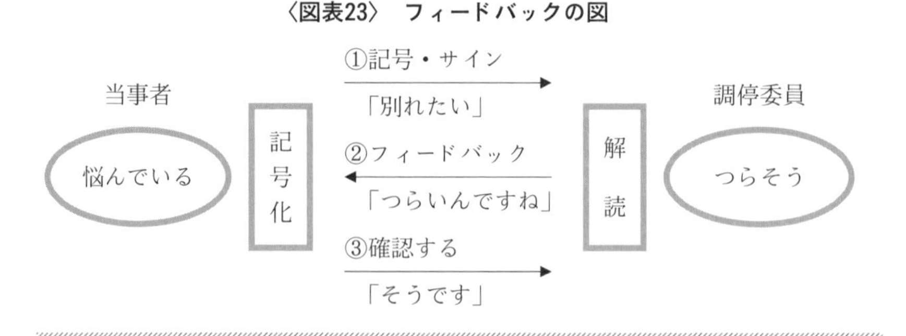

握できたかどうかわからないようなときは、「私はあなたの言ったことを、こんなふうに理解しましたが、それでいいですか？」と、自分の言葉で返すこととされています[65]。

このフィードバックが適切だと、話し手は「すべてを話させてくれた」、「すべてを聞き、心にとどめてくれた」という確信を得るだけでなく、聞き手が、自分が話したことを整理して返してくれるので、「自分の抱えている問題なり、もやもやしている心のうちを、客観的に眺め直すことができるようにな」り、「こうして話し手は、解決や、より深い意味を汲み取る力を得ていく」のだといいます[58]。

フィードバックには、「非受容のフィードバック」と「受容のフィードバック」があります。臨床心理学者トマス・ゴードンは、「うまくいかないフィードバック」がコミュニケーションを阻む障害になると述べ、空港で「飛行機に乗るのはイヤッ。行きたくない。家に帰りたい」と駄々をこねている6歳くらいの女の子に対するフィードバッグを一つの例として、以下の12種類の「うまくいかないフィードバッグ」を示しています[47]。

①　命令、指示（行くのよ、だから黙ってなさい）

②　脅迫、警告（ぐずぐず言うのをやめないなら、もっとイヤなことにするからね）

③　説教、教訓（本当にいい子は泣いたりしないし、言うことをきくものよ。おばあちゃまのところに行けるなんて、幸せなことなのよ。よろこびなさい）

④　忠告、解決策（ほかのことを考えたらいいのよ。そうしたらイヤじゃなくなるから。ほら、バッグに入れたクレヨンを出して絵でも描いたらどう？）

⑤　講義、教示、事実の呈示（おばあちゃまの家まであと3時間だけなのよ）

⑥　判断、非難、批判（もう、この飛行場で一番悪い子ね／）

⑦　賞賛、ご機嫌とり（まったく大きいお姉ちゃんで、お利口なんだから／）

⑧　悪口を言う、馬鹿にする（大きな赤ちゃんね）

⑨　解釈、診断、分析（ママを困らせようと思って／）

⑩　説得、同情（かわいそうな子。旅行は本当に大変だよね）

⑪　探る、尋問（なんでそんなふうになるわけ？）

⑫　ひきこもり、ごまかし（ほら、あそこの小さい男の子がもっている赤い風船を見てごらん）

トマス・ゴードンは、この12種類の反応はどれも話し手のメッセージを理解したことを伝えるものでも、また話し手へのまっとうな反応でもなく、実際には「聞き手自身のことを語っているにすぎない」と説明しています。

そして、「うまくいかないフィードバッグ」とは「非受容」の言葉であり、誰かが考えていることや感じていることを理解するには、「少なくともそのときそれを体験している人にとって、その思考や感情が真実であり真実であることを、聞き手がまず受け入れ」ることが必要で、ここにおいて求められるものは「受容」の言葉で、「それは話し手が表現した思考や感情を理解したことを反映するフィードバッグ」であると説明しています[47]。

では、空港の女の子の例で、「受容のフィードバック」とはいったいどのようなものなのでしょうか。

それは、たとえば女の子が「飛行機に乗るのを怖がっているんだ」と親がわかれば、「飛行機に乗るのが怖いのね。家に帰るほうがいいんだ」というようなフィードバックで、そこで「娘の恐れは小さくな」ること[47]、ここで子どもが求めているのは、「自分の気持がいかに強いかを親が認めること」であり、子どもにとっては「自分の感情を理解してもらうことこそ、一番必要」なのだといいます[66]。

### ⑵　ミラーリング

ミラーリングはフィードバックの一つのスタイルで、「鏡に映すことによって自分がわかる」ということで、聞き手が話し手の鏡になることです。

具体的には、ミラーリングとは、相手の言うことの内容をそのまま相手に返していく技法で、受容的な応対の主流とされています。

では、なぜフィードバックやミラーリングが求められるのでしょうか。それは、アクティブ・リスニングでもっとも重視されるのは「話し手の言葉」であり、聞き手が話し手の語る言葉に耳を傾け、その言葉を手がかりに相手への理解を図っていくと、「話し手は、自分の内面を語るための言葉を次々に発」してくれるからです[58]。

また、ミラーリングにおいては、何をミラーリングするかにより、話の流れや方向をコントロールすることができる「水路づけ」や、相手の話をそのまま繰り返す「オウム返し」、話し手のメッセージを聞き手が自分の言葉で言い返す「言い換え」等があります[58]。

自主交渉援助型調停でよく使われるパラフレイジング（paraphrasing）やリフレイミング（reframing）は、この「言い換え」のミラーリングです。では、なぜ「言い換え」のミラーリングが重要なのでしょうか。

それは、リピートを繰り返すだけの「オウム返し」では、話し手はだんだんしらけてきてしまうこと、また相手の言ったことをいつまでも繰り返していたのでは、相手を怒らせてしまうからです。

ところが、上手な語句の置き換えは、ちょうど鏡のように最初の人の発言よりもかえって明瞭で簡潔に言葉を反射させ、場合によっては話し手から「その通りなのよ」とか「私が言いたいことを分かってくれた」と感謝されるのだといいます[17]。

そして、「言い換え」のミラーリングを行うためには、相手の話をしっかり聞いていなければならず、また話し手のメッセージを理解しなければならないので、聞き手の真剣度も高まり、それに応じて話し手も「私の言うことをしっかり聞いてくれている」という実感を抱くことになるといいます[58]。

### ⑶　こころの扉を開く

アクティブ・リスニングにおいては、話し手が話したくなる雰囲気づくりが大切です。そこでは、話し手が何らかの意思表示をしたときには、たとえそれがかすかな意思表示であっても、それをとらえて、「話を聞かせてほしい」とこころの扉を開かせることが重要で、こころの扉を開けるには、ドアをノックする言葉が必要になります[65]。

話し手がこころの扉を少し開いて語り始めたら、聞き手はその話を聞き、応答していきます。応答の手法としては、①ミラーリング、②相づち、③うなずき、④沈黙の四つの選択肢があります[58]。

話を促す簡単な方法としては、「そうか」「ふうん」「なるほどね」などの相づちが効果的で、「自分の考えや判断を相手に伝えない言葉づかいや話し方を、心を込めながらすることによって、話し手が、考えや判断、感情を話すように促」すのだといいます[65]。

これらの短い言葉は、「私はあなたの話を聞いています。続けてください」という聞き手の関心の表出を意味し、また、話し手を励ます「小さな報酬」を与えているのだといいます。

このような言葉は、他に「うん、うん」、「そうだね」、「その後は？」、「確かに」、「もっと聞かせて」、「それから」、「続けて」、「そう」、「なるほど」、「本当？」、「まあ！」、「その通り！」、「おもしろいね」、「わぁー」、「それで？」、「う〜ん」、「わかる」、「まさか」などがあります[17]。

さらに、「もっと話して」という気持ちを積極的にはっきりと伝えるには、「君はどう思う、話してみて」、「その話が聞きたいね」、「何か言いたいことがありそうだね」などという言葉を使うのがよく、さらに、相手に「受け入れているよ」という「受容」のメッセージを伝えるためには、ひとりの独立した人間として尊重していることを明確にすることで、「こうしてドアをたたく時、人は“自分は価値のある人間として認められている”、“大事にされ、受け入れられている”と感じ、心の扉を開」いていくのだといいます[65]。

また、「開いた質問」をすることも、話し手が話をしやすくするためのスキルとされ、「開いた質問」とは、「話し手が自分の考えを整理し、それを外に向かって話すのを助ける質問」とされています[17]。

話し手が話しやすい雰囲気づくりは、マイクロカウンセリングでも同様とされています。マイクロカウンセリングでは、最初に「かかわり行動」が求められ、それには、視線の合わせ方（「聴いていますよ」というメッセージがクライエントに伝わるような視線を心がける）、身体言語（相手が安心して話ができるように、やや前かがみのリラックスした姿勢や表情で聴く）、声の調子（話すスピードや声のトーン）、言語的追跡（相手の話をよく聴き、相手が直前に話したことや少し前に話したことにしっかりついていく）等があり、これらはクライエントとのラポール（信頼関係）を築くうえで非常に重要とされています[67]。

話しやすい雰囲気づくりを行い、話し手が抵抗なくこころの扉を開けて話ができるようにすること、これがアクティブ・リスニングの第一歩になります。

アクティブ・リスニングは、日本では現在、コーチング、マイクロカウンセリング、親業、コミュニオン、NLP（神経言語プログラミング）等さまざまな分野で活用され、広がりつつあります。家事調停もアクティブ・リスニングを取り入れるとよいでしょう。

## 7　その他の技法

### (1)　さまざまな言語技術

ここでは、「傾聴」以外の技法について説明します。渡部律子日本女子大学教授は、臨床心理、カウンセリング、グループワークなどに関する9冊の文献を選び、援助を目的とする面接を行う際に、どのような種類の言語表現や言語反応をするのかを整理しています。

それによると、面接における言語反応のバラエティーとしては、次頁〈図表24〉のようになると説明しています[68]。

私は、自主交渉援助型調停の技法、マイクロ・カウンセリング、アクティブ・リスニング、医療面接、親業や教師学の技法、ソーシャルワーク等を学んできましたが、そこでわかったことは、クライエントや当事者と向き合う際の面接の技術は、基本的には皆ほとんど同じであるということでした。

ですから、調停担当者も自分に合った面接の技術や技法をみつけるようにするとよいと思います。

〈図表24〉 面接における言語反応のバラエティの表

| 言語表現名称 | 解　　説 |
|---|---|
| ①　場面構成（面接場面設定のための説明） | 社交的会話や、どの分類にも含まれない中間的発言<br>例:「ここまで来られるのにどれぐらい時間がかかりましたか」、「次回は××月××日の××時にお伺いしたいのですが、いかがでしょうか」 |
| ②　受け止め、最小限の励まし・促し・非指示的リード | 受け止めは、クライアントの話を聴いていることを表す相づちなどの表現。沈黙もこの中に含めることができる。沈黙は、援助職者が相手の話を聞いていて、話の続きを待つときによく起こる。最小限の励ましや促し、リードなどは、受け止めよりももう少し多くの言葉を使うが、基本的には相手の話の促しを目的で行われる表現。<br>例：「ええ」「はい」「そうですか」「ふんふん」「どうぞ、続けてお話しください」「それで？」「そうでしたか」など。 |
| ③　明確化・認知確認 | クライアントの話したことを援助職者が正しく聞いたか、あるいは援助職者の受けとり方が相手のものと同様なものであるかどうかを確かめるための反応。<br>例：「あなたがいったことは×××でしょうか」「あなたは、×××と思われたのでしょうか」「あなたは×××といわれたのですね。私がそう聞いたのは正しいでしょうか」(×××の部分に相手の話したことの言い換えを入れる) |
| ④　相手の表現したことの繰返し | 否定、肯定、解釈をいっさい入れないでクライアントの話したことをそのまま述べること。 |
| ⑤　言い換え（相手が表現したことを異なる表現で言い直す） | クライアントが伝えたことの基本的な内容を本来の意味を失わずに、内容は同様でありながら異なる表現で言い直す。 |
| ⑥　感情の反射・感情の明確化 | クライアントが明らかにあるいは暗に表現した感情の内容を相手に返すこと。<br>例：「×××というお気持ちだったのですね」「私には○○さんが×××だったように思われます」(×××の部分には感情を表す表現を入れる。○○の部分はクライアントの名前あるいは二人称) |
| ⑦　要　約 | クライアントの会話の、いくらかまとまった部分の内 |

| | |
|---|---|
| | 容の、中核と思われることがらをまとめて話す。 |
| ⑧　質問 | 「開かれた質問」「閉ざされた質問」の2種類、および相手の話の中で欠けている一部の情報を明らかにする「具体性を追求」する問いかけ。<br>例：「いつから歩けなくなりましたか」（閉ざされた質問）。「そのときの状況について説明してくださいますか」(開かれた質問)。「それはだれがいわれたことですか」（相手の話の一部に関するより詳しい情報を求める）など。 |
| ⑨　支持・是認・勇気づけ・再保証 | 援助職者がそうすることに対して明確な根拠がある場合に、クライアントの述べた内容に関して、相手を認める、なぜ支持できるのか、保証できるかの説明をともに表現することが望ましい。<br>例：「○○さんの今までのやり方を聞いていると、多くの同じような経験をされた方がやってきた平均の介護以上のことをしていると思われます。今までよくがんばってこられましたね」など。 |
| ⑩　情報提供 | クライアントがその情報を適切に使える時期にあると思われたときに、相手にとって役立つ情報を相手が理解できる形で提供すること。 |
| ⑪　提案・助言 | こうしたらどうか、などといった方法を援助職者が申し出たり、アドバイスしたりする。情報提供などとともに適切に使用するように留意すること。 |
| ⑫　解釈・説明 | クライアントあるいは援助職者の準拠枠に基づいたものの両方がある。クライアントが述べたことがらの意味を説明したり、さらに一歩進んだ解釈をする。 |
| ⑬　分断化されたさまざまな情報の統合 | （異なる時点でバラバラに出てきた情報）の統合（要約を含む）と明確化の組合せ。 |
| ⑭　焦点化、みえていない点に気づき、新たな展望を開く援助 | 問題解決の方向に面接を導いていくための方法。解釈、深い共感、情報提供、対決などといったいろいろな技法が組み合わされて使われることが多い。 |
| ⑮　仮説的状況に関する質問 | 「もし××であったら？」といった推測に関する問いかけ。 |

渡部律子『高齢者援助における相談面接の理論と実際（第2版）』（医歯薬出版、2011）129〜130頁より引用

### (2) 共　感

カウンセリングでは、共感が重要視されています。そこでは、カウンセラーが共感していると感じたとき、クライエントは「自分が理解されたと感じ、安心して問題に向かっていくことができる」ためと説明されています。

また共感には、①共感的配慮＝他者の不幸に対して同情や哀れみを感じる傾向、②個人的苦痛＝他者の苦痛に反応して苦痛や不快を感じる傾向、③視点取得＝他者の立場に立って気持ちを想像する傾向、④想像性＝小説や映画などの架空の他者に感情移入する傾向といった下位概念があるといいます[69]。

また、斎藤清二富山大学保健管理センター教授も、相手が主観的な感情（苦しい、辛い、希望がない、不安である、ほっとした）を出してきたような場合には、その感情を受けとめて言語化することが大切で、これらは「支持」や「共感」の技法で、共感や感情の理解を相手に伝える技法には、以下の五つがあると述べています[61]。

① 反映（患者からみてとった感覚あるいは感情を、医師がことばにして述べること）

「お困りのようですね」

「なにかイライラしておられるように見えますが」

② 正当化（患者の感情面での体験を承認し、妥当であると認めることを伝えること）

「それは誰がみてもつらい状況ですね」

「これだけひどい目にあったら、気分が滅入るのは当たり前だと思います」

③ 個人的支援（医師として、また一人の個人として患者を支援したいという意志を伝えること）

「できるだけのことをしたいと思っています」

「私にしたいことを教えてください」

④ 協力関係（患者は、医師と協力関係にあると感じたときに治療意欲が高まる）

「この問題について、いっしょに考えていきましょう」

⑤　尊重（患者の問題への取り組みに敬意を払うこと）

「大変な症状を抱えながら、よくがんばってこられましたね」

「思い切って病院へ来られたのは、たいへんよかったと思います」

家事調停では、当事者が感情を強く出してきたり、感情を伴った説明をしてくることが多くあります。そこでは、調停担当者は支持や共感の姿勢をとり、当事者に安心感や安全感をもたせ、当事者が落着いて語れるようにしていくことが重要になります。

## 8　典型的な当事者への対応

### ⑴　話が止まらない人への対応

当事者の話を聞く場合、当事者の話がまとまりを欠いていたり、何を言いたいのかよくわからないといったようなことも、ときどきみられます。

また、自分の気持ちや考えを、長時間にわたってとくとくと話す当事者もいます。このような当事者は、ある意味で調停担当者がもっとも苦手とする当事者ともいえます。

鈴木秀子聖心女子大学名誉教授は、「混乱しているときや腹が立っているとき、他者への苦情や反省、自己弁明などが入り混じった話を長々とすることがよくある」が、「こうした話への対応はむずかしい」と述べています[58]。では、このような人の話はいったいどのように聞けばよいのでしょうか。

このような場合、「要約」と「焦点づけ」という傾聴の技法が、極めて効果的とされています。「要約」とは、「話の聴取が一つの区切りに来たとき、それまで話した内容を簡単に要約し、理解が正しいかどうかを確認してもらうことで、そうすることでスムーズに次の話題に移っていくことができ、また、もし要約した内容に誤解があれば、それについて再度話をしてもらうことにより訂正」ができるといいます。

そして、要約のコツは、「まとめる範囲が広くなればなるほど、簡潔に短く行うこと」とされています[61]。

「焦点づけ」とは、「話し手の話の内容や流れを、聞き手の望むように方向づけるための聞き方」です。焦点づけでは、まず「話のアウトラインをできるだけ早くつかみ、いくつの要素がその中に含まれているかを把握」します。

具体的には、多数ある問題の一つひとつに順番に焦点を当てて聞いたり、ある問題についていろいろな観点から焦点を当てたり、時間の経過ごとに区切って焦点を当てたりしながら、聞いていくやり方です。

たとえば、医師の場合、患者の気持ちに焦点を当てたような場合には、「今何が一番不安ですか？」とか、「こうしてもらえたらいいなあという希望はありませんか？」といったようなもので、焦点づけ技法では、焦点の当て方に習熟すると、効率よく情報を得ることができるようになるといいます[61]。

このような技法を用いて、話が止まらない話し手に対しては、ほんの少し間が開いたときに、「今までのお話には大切なことがたくさんあったように思いますので、ちょっと整理させてください」といって誘導しながら話を整理していくことが、良い対応の仕方とされています[61]。

また、鈴木秀子名誉教授は、機関銃のように、たくさんの言葉を矢継ぎ早に吐き出すタイプの人は、「語るべきポイントが見えないまま話していることが多」く、わかってもらいたいという思いが先走って、「言葉を選ぶというプロセスを踏まずに、口から言葉を吐き出しているだけなの」で、話のポイントを整理させる必要があること、このような場合、「なるほど、では、ここでもう一度、話を整理してみましょうか？」、「いま、あなたが望んでいることは、一言で言えるでしょうか？」、「要するに、問題は〜ということでしょうか？」といった「まとめを促す質問」をすると、効果的であると説明しています[58]。

話がなかなか止まらなかったり、話のまとまりに欠ける当事者に対しては、このような対応の仕方があることを知っておくとよいでしょう。

### (2) 納得できない話の受け止め方

当事者の話に納得がいかない場合でも、調停担当者は話を聞かなければなりません。このような場合、どう話を聞いていけばよいのでしょうか。

家事調停では、デタラメ（と思われるよう）なことをしゃべったり、自分勝手な要求ばかりしてくるような人がいます。このような場合、聞き手としてはあからさまにその話を否定するわけにもいかず、かといってその話にうなずくと、「話に同意してもらえた」と当事者に思われかねず、どう聞いたらいいのか戸惑うことになります。

このような場合には、「なるほど」「ふむふむ」「そうですか」といった相づちがよいとされています。

その理由は、これは「あなたの言うとおりだと思います」という意味の相づちではなく、実際には「なるほど、あなたはそう思うんですね」という意味で、そこでは「あなたの話を聞いています」、「あなたの話に興味をもっています」という意思を示し、この場合には、相手は「あなたはそう思うんですね」というメッセージを受け取ったわけで、「完全には同意はしてくれていない」という情報と「否定・拒絶はされていない」という情報の両方を得ることになり、さらに「話をしてわかってもらおう」という意欲をもつことになる「受容の相づち」になるためといいます。

このような「受容の相づち」ではなくて、「そんなことないよ」とか「それはおかしいよ」などと言ってしまうと、相手は「自分の思いが拒絶された」と感じて必死に説得を試みたり、「わかってくれないなら、もういいや」と口を閉ざしてしまうことになり、一方、「そうですね」とか「そのとおり」というような返答は、「自分の本心をあいまいにして、相手に合わせることになり、誤解のもとになりかねない」といいます[58]。

また、クレーム問題研究家の関根眞一氏は、このような場面では次のようにするのがよいと説明しています。それは、「でも」と言った途端に相手は頑なになる可能性がありますから、「そういうこともありますよね」、「そうですか」というように聞き、そうすると、「でも」「しかし」ということは言っていないわけですから、相手は「すっかり聞いてくれたのかな」という対応になると述べています[70]。

さらに、言語学の立場からは、「しかし」「でも」といった逆説の接続詞を使う場合は、その特徴を理解しておく必要があるといいます。

一橋大学の石黒圭教授は、「しかし」は先行文脈と後続文脈の食い違いを強調する接続詞で、応用範囲が広いので安易に使われがちであると注意しています。

また、「でも」は相手の一面的な評価に対し、自分の考えを述べたくなるようなときに、「相手の話をさえぎり、自分の率直な意見を表明することを予告」するものである、と説明しています。

そのうえで、対話の基本は「共感」と「同調」で、「でも」や「けど」などの逆説の接続詞の使いすぎは「相手との対立をきわだたせることにな」ると説明しています[71]。

当事者の話が納得しがたいような場合でも、調停担当者は当事者の話を否定したり、拒絶するような応答言葉を述べてはいけません。それでは、当事者と調停担当者との意見の対立が鮮明化してしまい、当事者は必死になって反論してくるので、議論に発展してしまいます。

調停担当者が当事者と議論していたのでは、調停の話合いは進行しません。そこでは、調停担当者が当事者を上手にリードする面接の技術が求められます。

### (3)　当事者の抵抗行動

ここでは、クライエント等が見せる抵抗行動について取り上げます。ウィリアム・R・ミラー＝ステファン・ロルニックは、その著書『動機づけ面接法』において、クライエント等が見せる抵抗行動を四つの範疇に分類し整理しています。

それによると、当事者が見せる抵抗行動としては、以下のようなものがあげられています[72]。

1　議論。カウンセラーの正確さ、専門性、誠実さについて疑問を表明する。

1 a．挑戦。カウンセラーの話の正確さに直接疑問を表明する。

1 b．引き下げ。カウンセラー個人の権限や専門性に疑問を表明する。

1ｃ．敵意。カウンセラーに、直接敵意を示す。

2　中断。カウンセラーが話している途中に、防衛的な言葉で中断する。

2ａ．突然口を挟む。カウンセラーが話している途中で、適切な休止や沈黙を待たずに、話に割って入ったり中断したりする。

2ｂ．黙らせる。カウンセラーを黙らせる目的で、話に口を挟む。（例：「ちょっと待ってください。もうそれで十分です」）

3　否定。問題の存在を認めない、非協力的、責任逃れ、助言を拒否。

3ａ．非難。問題を他者のせいにする。

3ｂ．不同意。カウンセラーの提案に同意せず、建設的な代替案も出さない。提案の点を説明しようとする。「そうですが、でも……」を含む。

3ｃ．言い訳。自分の行動を言い訳する。

3ｄ．悪影響を認めない。（自分の飲酒は）危険な状態ではないと主張する。

3ｅ．過小評価。カウンセラーが危険やリスクを誇張していると主張し、「そんなにひどいわけではない」などと言い張る。

3ｆ．悲観的。自分や他者について、一般的に悲観的、敗北的、否定的な態度をとる。

3ｇ．躊躇。与えられた情報や助言に対して躊躇、不安、疑念を示す。

3ｈ．変わる意志がない。変化を望まない。変わりたくない。変わるつもりがない。

4　無視。明らかにカウンセラーを無視し、従わない。

4ａ．注意を払わない。クライエントの反応から、カウンセラーに従わず、無視しているのが見て取れる。

4ｂ．応えない。質問に対して、その答えとは関係のない反応をする。

4ｃ．反応しない。質問に、返事をせず、何の反応も示さない。

4ｄ．脇道に逸れる。話の方向をクライエントが意図的に変える。

これらは、カウンセリングにおいてクライエントが示す抵抗行動ですが、家事事件の当事者の場合も、共通しているように思います。

### ⑷　避けたい応答パターン

渡部律子日本女子大学教授は、ソーシャルワークにおいてクライエントとソーシャルワーカーがよりよくコミュニケーションすることを妨げる働きをする表現に関し、ヘプワースとラルセンによって行われた研究成果を紹介しています。

それによると、面接で避けたい応答パターンには、以下の15パターンがあるといいます[68]。

①　道徳的・説教的な表現をすること
②　時期尚早の助言や提言、解決方法の伝達
③　説得や理屈の通った議論
④　判断、批判、非難
⑤　分析、診断、劇的な解釈
⑥　根拠や意味のない「再保証」および「同情」「言い訳」
⑦　クライアントの問題を軽くみせるような皮肉やユーモアの使用
⑧　おどし、警告
⑨　質問責め（同時にいくつもの質問をすること）
⑩　誘導尋問
⑪　不適切、あるいは過度に話をさえぎること
⑫　会話の独占
⑬　社交的な会話を助長すること
⑭　受け身的な応答
⑮　クライアントの話のおうむ返しや同じ表現の繰返しなど

調停担当者はこのような応答パターンについては教えられる機会がほとんどないので、自分でも意識しないで、このような応答パターンをしてしまってはいないでしょうか。

当事者との間でより良いコミュニケーションをもつには、このような応答パターンはできるだけ避けることが無難です。

# 人間関係調整の技術

## 1　人間関係調整機能

家事調停では、人間関係調整が求められる場面が少なくありません。では、人間関係調整機能とはどういうものなのでしょうか。

### (1)　求められる「人間関係調整」

家事調停には、司法的機能と人間関係調整機能があります。このことは、第２章Ｉ１で説明しましたが、梶村太市常葉大学教授（弁護士、元判事）は、人間関係調整機能として、①心理的調整（情緒的に混乱している当事者等に対して働きかけ、理性的な状態で自己決定できるように援助すること）、②社会的調整（社会的不適応状態にある当事者等に対し、有益な社会資源に関する情報を斡旋するなどして、当事者が社会適応状態で自己決定できるように援助すること）、③経験的調整（生活経験の不足や偏りなど経験的不適応状態のある当事者に対して、常識的な観点から一般情報を提供するなどして、当事者が経験適応的な状態で自己決定できるように援助すること）、④法的利害の調整（法律の専門家が、法律的な観点からみて正当な自己決定ができるように援助すること）の四つをあげています[6]。

また、東京家庭裁判所科学調査官室が当事者に対してカウンセリング技法を活用して心理的調整を行うのは、「情緒の混乱や感情の葛藤の著しい当事者に対し、それらを緩和して自己洞察力を回復させ、理性的状態で調停手続に参加できるように援助する」ことが目的とされ、そこでは次のような当事者や状況が対象とされています[73]。

①　当事者の情緒の混乱や感情の葛藤が激しく、調停の席上関係者の発言を冷静に聞く状態にないもの

②　当事者の主張が矛盾したり、明確に理解できない状況にあり、その基

底に表面には出ない原因があるように推測されるもの

③　当事者がその意向を言いそびれたり、十分表現できない状況にあり、何か深刻な問題が心の奥底にあるように予測されるもの

④　当事者双方の意向がかみ合わなかったり、感情の行き違いなどで意志の疎通がうまくいかないもの。

しかし、カウンセリング技法を活用しての心理的調整は、家事調停においては現在、非常に数が少ない状況にあります。そのこともあってか、人間関係調整は家事調停では必要性と重要性は認識されていながらも、実際にはほとんどみられなくなっています。

**⑵　「人間関係調整機能」で足りないもの**

しかし、調停委員の中には、人間関係調整機能の必要性や重要性について深く考えている方もいます。

たとえば、関岡直樹元水戸家庭裁判所調停委員は人間関係調整機能について、「本や参考資料が少ないうえ、『傾聴』『調停技法』といった言葉や表現で止まってしまっていて、現場では役に立たない」こと、「人間関係調整機能は正解が複数ある世界だから、人間関係調整機能に役立つ資料が作りにくい」こと、「人間関係調整機能は、司法的機能とは対照的に言葉が発達して」おらず、「人間関係調整機能に関する資料がもっと充実し、人間関係調整機能の研修が全国的に繰り返し行われる」ことが必要であると述べています[74]。

人間関係調整機能の重要性や必要性については、家事調停関係者なら誰もが認識しています。しかし、では具体的に何をどうすればよいのかということになると、家事調停は残念ながらそのための技術や方法論をもち合わせていません。

せいぜい、相手の立場に立つとか、傾聴するとか、当事者の気持ちを受け入れる程度のことしか語られてはいません。

このことは、人間関係調整を引受ける立場にある家庭裁判所調査官であってもほとんど同じ状況です。では、具体的に、人間関係調整とはいったい何をすることなのでしょうか。

## 2　人間関係調整技術

### (1)　「怒り」への対処

私の考えでは、人間関係調整の一つは、当事者のもつ「怒り」への対処です。怒りは人間のもつ基本感情の一つですが、怒りは「他の感情を覆い隠す感情」とされ、「人は怒りにしか気づいていない」といいます。

また、怒りの底には、「心配、恐怖、落胆、罪悪感、恥ずかしさなどの感情があり、それが怒りを引き起こす」とされています[75]。

そして、怒りは敵意と攻撃性を生んで人を傷つけ、「怒りは、他の人を無理やり変えようとして使われることが多いため、人は傷つかないように自己防衛を始める」こと、また、「怒りは人間関係における寛容さと柔軟性を奪い」、「怒りを伴った関係は、警戒と恐怖の雰囲気を生む」ため、「怒っている人のエネルギーは、理解し合い、問題を解決するのではなく、壁を作ることに使われていく」といいます。

また、精神科医エリザベス・キューブラー・ロスは、人間は恐れの扱いよりも怒りの扱いのほうに慣れているため、「夫は妻に『きみが出ていくのが怖いんだ』というよりは『きみに腹を立てている』というほうがいいやすい」こと、「都合が悪いことがおこっているとき、『ぼくはだめな人間ではないかと恐れている』とみとめるよりは、怒ったほうが楽なのだ」と述べ、処理されない恐れは怒りに転嫁すること、そのため、「怒りを手放せば手放すほど、それだけ相手や自分を許す余裕が生まれる」と説明しています[56]。

ですから、当事者のもつ「怒り」に対処することが、調停で話合いを進めるうえでは重要になります。つまり、人間関係調整においては、「怒りへの対処」ということが一つの重要な対処法ということになります。

### (2)　「感情」への対処

人間関係調整の二つめは、「感情」への対処です。ハーバード流交渉術では「感情」について、「感情はパワフルで、常に存在し、扱いが難しい」とし、感情が先行すると、満足のいく合意に達するという当初の交渉の目的を忘れ

〈図表25〉　感情への対処

| 交渉の要素 | ネガティブな感情が生むもの | ポジティブな感情が生むもの |
|---|---|---|
| 関係 | 不信感に満ちた関係 | 協調的な関係 |
| コミュニケーション | 一方的、あるいは対立的なコミュニケーション | 開放的で、リラックスしており、双方向的なコミュニケーション |
| 関心利益 | 関心利益を無視する、法外な要求をし続ける、頑固一点張りで自己主張する | 双方の関心や欲求に耳を傾け、知ろうとする |
| 交渉オプション | ２つの選択肢：自分たちの案か、相手の案相互にプラスのオプションがあることを疑う | 多くの可能なオプションを作り、それぞれの何らかの関心利益を満たそうとする一緒に懸命に努力すれば相互にプラスのオプションがあるということに楽観的になる |
| 正当性 | 自分たちば正しく相手が間違っているという理由付けをめぐる意志の戦い利用されることへの恐怖 | １つのオプションが他よりも公平である理由について、双方に説得力のある基準を用いる公平感 |
| BATNA | 自分のBATNAよりも合意案の方が良くても、交渉をやめてしまう | 自分のBATNAよりもよい限り、よりよくしようと最大限の努力をする |
| コミットメント（合意内容、約束、義務） | まったく合意しないか、不明瞭か、実現可能性のないコミットメントにとどまる合意したことを後悔する、または合意しなかったことを後悔する | 明瞭で、実行可能で現実的な義務を記述する合意内容に満足し、それを支持し擁護する |

ロジャー・フィッシャー＝ダニエル・シャピロ（印南一路訳）『新ハーバード流交渉術』（講談社、2006）27頁より引用。BATNAは、Best Alternative To a Negotiated Agreement（合意できない場合の次善策）の略。

て、自分を守り交渉相手を攻撃することだけに気が移ってしまいがちで、そのため、「感情は人間関係を傷つける」と述べています[13]。

感情には、ポジティブな感情とネガティブな感情があります。ポジティブな感情が生むものとネガティブな感情が生むものを整理したのが、〈図表25〉です。

この図表の中の「交渉の要素」とは、すべての交渉の基礎にあるとされるもので、交渉がうまくいかなくなる場合の要素とされています。

たとえば、「関係」をみると、ネガティブな感情の場合は「不信感に満ちた関係」になりますが、ポジティブな感情では「協調的な関係」になります。

また、コミュニケーションにおいては、ネガティブな感情では「一方向的あるいは対立的なコミュニケーション」になりますが、ポジティブな感情では「解放的で、リラックスし、双方向的なコミュニケーション」になります。

また、関心利益においては、ネガティブな感情では「法外な要求、頑固一点張り、自己主張」がみられますが、ポジティブな感情では「双方の関心や欲求に耳を傾け、知ろうとする」姿勢になります。

これらからもわかるように、ネガティブな感情からは協調的な態度や姿勢、あるいは譲歩といったものは生まれてきません。反対に、ポジティブな感情になると、人間は相手に対してこころを開き、建設的で協調的な姿勢に変わるのです。ですから、人間関係調整の二つめは、「感情への対処」ということになります。

実際、ハーバード流交渉術では、相手に対してポジティブな感情をもつことによる利点として、以下のようなことをあげています[13]。

① 交渉の実質的な関心利益を満たすことが容易になる。交渉相手に対してポジティブな感情をもつことで、恐れと疑いが減り、関係が敵対的なものから協力的なものへと変化する。協力して問題に取り組むにつれて、警戒心も薄れていくようになる。

② ポジティブな感情は人間関係を向上させる。

③ ポジティブな感情が生じても、人に利用される危険性が増えるわけで

はない。

ですから、家事調停で人間関係調整を考える場合には、当事者のネガティブな感情をポジティブなものに変えていくように努めることが大切です。

このように当事者のもつネガティブな感情を取り上げ、それに働きかけていくこと、これが人間関係調整の二つめの方法のように私は思います。

### (3) 当事者のエンパワー

人間関係調整の三つめは、当事者のエンパワーです。保健医療の分野では、家族が困難を乗り越える場合、そこでは「首尾一貫感覚」というものが重要視されています。

首尾一貫感覚は英語ではSense of Coherenceと言いますが、このSOCは、「自分の生きている世界は首尾一貫している」という感覚のことをいいます。

その中身は三つの感覚で構成されており、一つは置かれている状況が把握できることで、今後の状況がある程度予測できるという把握可能感＝「わかる感」です。

二番目は、何とかなる、何とかやっていけるという処理可能感＝「できる感」です。そして三番目は、ストレスに対処することや日々の営みに意味ややりがいを見出せる有意味感＝「やるぞ感」です。この三つの感覚が、首尾一貫感覚の中心にあるといいます[76]。

この首尾一貫感覚は、ユダヤ人でアメリカの健康社会学者アントノフスキーが提唱したもので、若いころユダヤ人強制収容所に収容され過酷な生活をした女性について調査したところ、多くの方は精神的にいろいろ病んでいることが多かったのですが、更年期になっても三割の人が心身の健康を良好に保ったばかりか、その経験を人間的な成長や成熟の糧にして、明るく前向きに生きていたことが判明したそうです。

そこでアントノフスキーは、こうした人々に共通するものは一体何かということで、インタビュー調査をした結果、健康を維持していた中心にこの首尾一貫感覚があることがわかったというのです。

アントノフスキーの定義によれば、SOCとは、「その人に侵みわたる、動的ではあるが持続的な三つの確信（confidence）の感覚の定義によって表現される、その人の生活世界全般への志向性（orientation）」のことで、三つの確信の感覚とは、①自分が置かれている状況や、将来起こるであろう状況をある程度理解できる把握可能感（sence of comprehensibility）、②どのような困難な出来事でも自分で切り抜けられるという感覚や、何とかなるという処理可能感（sence of manageability）、③自分の人生・生活に対して、意味があると同時に価値観を持ち合わせている感覚である有意味感（meaningfulness）を意味します[77]。

この首尾一貫感覚（SOC）は、保健医療の分野で現在盛んに研究されたり、進められたりしています。離婚問題でも、この首尾一貫感覚が問題になるのではないかと私は考えています。

先に、作家井上ひさし氏が離婚の際に感じた恐怖感について述べましたが（第2章Ⅲ3参照）、その思いはこの首尾一貫感覚を喪失することの恐ろしさと共通しているように思います。

今親権争いや面会交流等子どもが関係する事件が、解決の難しい事件とされていますが、それらの事件の中には、結婚生活や子どもと過ごした日々あるいは子どもと会えなくなってしまうことに対する、この首尾一貫感覚（SOC）の喪失に対する恐怖といったものが含まれているのではないか、と私は推測しています。

ですから、これらの事件の解決を図っていくには、そのことに対する「手当て」——つまり、この首尾一貫感覚を当事者に持たせるようにすることが必要ではないかと思います。

#### ⑷　面会交流事件におけるエンパワー

ここで、現在解決が難しい事件の一つである面会交流事件を取り上げ、当事者をエンパワーしていくやり方について考えてみましょう。

まず目標として、首尾一貫感覚（SOC）の向上・強化を掲げます。それは、強いSOCをもつ人は、「絶えず生じている世の中の変化に対して、新たな意味を見出すことで、世の中に柔軟に適応することができる人を指し、この適応の核に有意味感があると考えられ」ているからです[78]。

研究によると、SOCが高いと、家族は大きなストレスにさらされても、ストレスにやられずに済むといいます。そこで「わかる感」「できる感」「やるぞ感」を磨くと、困難を乗り越える力が飛躍的に高まるとされています。

そして、このSOCを高める方法としては、コミュニケーションをもつこととされ、具体的には、説明を受けることでわかる感、把握可能感が成立します。

次に、できる感には周囲のサポートが必要になります。そして、最後に、やるぞ感を引き出して維持していくことになります[76]。

ところで、家庭裁判所の調停の現場では、これに近いことを実際にはやっています。どういうことかというと、面会交流事件については、当事者に面会交流のパンフレットを使って説明したり、面会交流のDVDを視聴させたりしています。

かつて私が千葉家庭裁判所のある支部に勤務していたとき、千葉家庭裁判所本庁の家事部では、面会交流事件で調停が始まる前に面会交流のDVDを当事者に見せ、その効果を調べていました。

その効果検証では、一定の効果が見られました。ですから、面会交流事件では、DVDの視聴やパンフレットを使っての説明をもっと積極的に行っていくことがよいように思います。

当事者が面会交流のDVDを見ることは、面会交流について今まで知らないでいたことが、DVD視聴や説明を受けることで自分の中に「わかる感」が生まれることです。

次に、「できる感」は周囲のサポートのことですが、これも家庭裁判所では実際にやっています。たとえば、児童室を使って試行的面会交流を行い、面会交流をサポートしています。また、最近では面会交流をサポートする民間団体も増えてきており、面会交流を実施できる体制が少しずつ整備されつつあります。

こういうことによって、最初は面会交流ができるかどうかわからなかったものが、試行的面会交流の実施等により当事者間に「できる感」や「処理可能感」が生まれ、それが次の実施に向けての良い動きにつながっていくように思います。

最後に、「やるぞ感」を引き出すことですが、目標が達成したときは皆で喜び、肯定的なフィードバックを積極的に行って、当事者に成功体験をもってもらうことになります。

このような成功体験の積み重ねから、当事者間の信頼関係が構築され、やがて面会交流が安定して実施できるようになっていくものと思います。

ですから、試行的面会交流でも民間団体のサポートを受けての面会交流でも同じですが、面会交流ができたときには、「よかったね」と皆でほめてあげることが大事です。目標の達成を皆で祝福してあげ、成功体験を積み重ねていくことが重要になります。

このようにSOCの視点から面会交流を考えてみると、家庭裁判所で行われている試行的面会交流の意味や役割というものがよく整理され、理解することができます。

面会交流事件では具体的な目標を定め、親が子どもを喪失してしまうことへの心配や怖さをカバーしていくような動きを取り、当事者に対しては「別れても大丈夫なんですよ」、「面会交流ができるんですよ」と、将来の親子関係がみえるようにしてあげることが、面会交流事件を解決していく一つの方策ではないかと私は考えています。

# Ⅵ　事実をとらえる技術

## 1　事実の理解

### (1)　事実の重要性

三菱総合研究所の牧野昇元会長は、事実確認の重要性について、「『事実を確かめること』―これは知的生産に従事したり、問題解決に取り組むときに、最初に心得なければならないことである」と述べています[79]。

また、ある事柄が起きたような場合、人はその原因を知ろうとしますが、それは「たんに安心感を得るためばかりではなく、次にどう行動すべきかという意思決定の基盤を得るため」とされています[80]。

家事調停でも、当事者間の問題を解決するには、紛争の実情についてしっかりとらえることが必要です。しかし、対立する当事者間の紛争においては、事実の把握は案外難しいことでもあります。

そこで、事実をしっかりとらえていくために、事実とはどういうものかを最初に説明します。

### (2)　「主観的事実」と「客観的事実」

家庭裁判所調査官の仕事は、少年事件では事件の調査であり、また、家事事件では事実の調査をすることです。

家庭裁判所調査官は採用後研修所で調査の仕方等を学びますが、そこでは、「事実はある時、ある場所で生じた、ある人間の、ある出来事（『客観的事実』という）と、それにかかわった人の主観的な経験（『主観的事実』という）の２つからなる」とされ、「前者の中には類似の反復等が含まれ５Ｗ１Ｈでとらえることができること、また、主観的事実はその人の感じ方や受け止め方、あるいは、そこまで至った人の『こころの動き』が含まれる」と教えられます[81]。

そのため、家庭裁判所調査官は一般に、事実を主観的事実と客観的事実に分けて理解しようとします。

### ⑶　推論を含んだ事実

しかし、主観的事実と客観的事実だけでは、事実を完全にとらえることはできません。事実には主観的事実と客観的事実以外にも、それらとは異なる事実があるからです。その一つが、「推論を含んだ事実」です。

心理学者R・ネルソン＝ジョーンズは、「ひとつの関係の中にいる場合、人はそれぞれ自分と相手に関する偶像を作り上げている。人が知覚しているのは主観的事実で、必ずしも客観的事実ではない。主観的事実は自分の都合に合わせた、現実に関する推論をたくさん含んでいる」と説明しています[17]。

たとえば面会交流事件で、（非親権者）父親と子どもが面会交流を行い、子どもが疲れて家に帰ってきたとします。すると、（親権者）母親は子どもの疲れた様子を見て、「父親は子どもの体力も考えず、あちこち連れ歩いたに違いない」と推測し、それを事実と考えたりします。

本当は子どもの体調が悪くなったせいかもしれないのに、母親は子どもから確かめようとはせずに、推測を働かせて、「あちこち連れ回す父親は問題だ」と原因を父親のせいにしたりします。

このような推測から出た事実認識は、当事者が案外行っているものです。そして、このような推測から出た事実認識は、強固で揺るがない傾向があります。

ですから、事実や出来事を確認する場合に、それらが「推測や憶測から出ていないか」ということに注意する必要があります。そうでないと、事実というものをしっかりとらえることはできません。

## 2　事実をめぐる問題

### ⑴　事実と出来事

事実に関する問題の一つに、出来事との関係があります。山島重神戸学院大学名誉教授は、出来事の記憶について、「出来事は、起きたこと、場所、時間、その時の感情、その時の考えなどのさまざまな情報の複合体。自分にとって重要だった部分が重ねられ、イメージのかたまりをかたち作っていく」、「出来事の記憶では、起きたことだけでなく、その時の気分や考えや雰囲気も一緒に理解していく」と述べています[82]。

ここでは、出来事は、そのときの気分や考えや雰囲気を伴って記憶されることが述べられています。つまり、出来事の記憶には、起きた事柄だけではなく、そのときの気分や考えや雰囲気といったものもいっしょについてくるのです。

ですから、事実や出来事を確認しようとすると、そこではどうしても、語り手がそのときに経験した思いや感情やその場の雰囲気といったものがいっしょに語られてくることになります。

このようなことを知ると、当事者の主観を離れたところで、事実だけを取り出すことの困難さがわかるでしょう。これも、事実をめぐる悩ましい問題の一つといえます。

### (2)　争いのある事実

人は一般に、「事実や真実は一つであり、究明できるはずだ」と思いがちです。しかし、実際にはそうではありません。特に紛争状態にあるような場合、事実は一つに収まりきらない傾向があります。

ハーバード流交渉術によると、「エゴを持った人は、自分に好都合な地点から物事を見ようとし、しばしば主観と現実とを混同」すること、「物の見方、考え方に相違があるかぎり、意見の対立は存在」し、「物事は、どこに立ってそれを見るかによって全く違って見え」、「究極的には、争いは客観的事実にあるのではなく、当事者の頭の中にあ」り、「真実は、その争いを処理するに当たって持ち出される一つの議論に過ぎない」と説明しています[36]。

また、棚瀬孝雄弁護士も、医療事故に関する論稿において、「事実は、そんなに一義的に決まるものではないし、医療者と患者側には、その立場の違いから、事実の捉え方に根本的な違いがある」と説明し、「事実の非一義性」というものを述べています[83]。

ハーバード流交渉術や棚瀬孝雄弁護士の説明を受け、あらためて事実というものをみた場合、「事実や真実は一つ」とする私たちの認識は、改めていく必要に迫られます。

つまり、事実というのは当事者の頭の中で組み立てられる性質があり、また立場によってもとらえる視点が異なるため、対立する当事者間においては、相手の述べる事実には同意しないのが普通なのです。

したがって、家事調停において、調停担当者は何とかして事実や真実をとらえようと苦慮しますが、申立人と相手方間に対立関係が存在する限り、双方が認めるような「一致する事実」というのは見出せないことになります。

実際、調停で合意が成立したような場合、その解決の決め手になったのはけっして事実や真実といったものではなく、たとえば相手に対する思いやりの気持ちだったり、相手を受け入れる姿勢に変化したりしたことのほうが多いのです。

相手を受け入れる姿勢になった場合には、事実や真実といったものはもうどうでもよくなっていて、そのために相手との間で合意が成立し、紛争も収束をみるのです。

また、ハーバード流交渉術では、「問題の状況を相手の立場に立って見るということは、極めてむずかしいが、それをなしうる能力こそ交渉者の持つべき最も重要な資質である」と述べています[36]。このようなことも、調停担当者が身に付けるべき技術の一つといえます。

### ⑶　不十分な事実確認

日韓ワールドカップの招致に携わったプロ交渉人の諸星裕桜美林大学教授は、依頼を受けて交渉に臨む際に、交渉人が最初にしなければならないことは「クライエントが置かれている立場について熟知すること」で、「相手ではなく、まず依頼主のことを知る作業は、非常に重要で」、「これをいい加減にしておくと、思わぬところで足元をすくわれる危険性がある」と述べています。

そして、「クライエントからこちらサイドの強み、弱み、そのほかすべての情報が開示されていなかったらどうなるか。どうしてそれを聞かせておいてくれなかったのか、と後から怒っても、もう遅い。『え、そんな話だったの？』となってしまい、大恥をかくだけだ」と説明しています[84]。

このことは、家事調停においても、また離婚事件を弁護士が受任するような場合にも、心しておくべきことのように思います。

離婚調停では、「妻が子どもを置いて勝手に家を出て行った」と、妻にかなり問題がある旨の説明をして、夫が夫婦関係調整（円満調整）の申立てをしてくることがあります。

このような夫から話を聴くと、妻が家事や育児を放り出して友だちと遊んでばかりいて、妻にかなり問題があるような説明をします。

しかし、調停に現れた妻から事情を聞くと、夫からDV被害を受けていたり、夫に一日中監視されて自由がなく、心身ともに疲労困憊している事情が明らかになったりします。

そうすると、申立人夫の説明の前提自体が怪しくなり、単に円満調整の方向で調停を進めてはいけばよい、という状況にはないことがわかったりします。

ですから、離婚調停では、申立ての事情や経緯あるいは現在に至るまでの状況等を、その裏づけも含めて当事者からしっかり聴取することが必要です。

もし、調停担当者が当事者から十分事情を聞いていなかったり、主張の整理が不十分なような場合には、その調停が審判や訴訟に移行した場合、もう一度最初からやり直さなければならなくなります。

秋武憲一山梨学院大学法科大学院教授（元判事）は、離婚調停が不成立になり訴訟に移行した事件を扱ってみると、調停段階で当事者の主張が整理されておらず、意見の食い違いや争点がはっきりしないことが多く、本来は調停で行われるべきことが行われていないと述べています[85]。

また、事実確認で留意すべきこととしては、離婚調停では、離婚の意思、親権者、財産分与、面会交流、慰謝料等話し合うべき事項がはっきりしていますが、そのため調停担当者が、当事者からそれらに関係する事柄しか話を聞かないということがあげられます。

それらに対する当事者の意向や説明だけしか聞かないと、話はすぐに尽きてしまい、話題も発展していきません。その結果、事情聴取した内容も結局その背景事情がよくわからず、非常に薄っぺらいものになってしまいます。

また、幅広く当事者から事情聴取をしていないと、紛争の全体像というものがみえないので、何か判断をするような場合、非常に危険です。

## 3　事実調査の技術とツール

では、事実はどのようにとらえたらよいのでしょうか。ここでは私が家庭裁判所の現場で技術化やモデル化した、私の事実調査技術やツールをご紹介します。

### (1)　三段跳び箱モデル

人の主張や行動は、「生活」「感情」「主張（行動）」の三層でとらえることができます。まず、生活が基本になります。その生活の中から、さまざまな感情が生まれてきます。

感情には、ポジティブ（肯定的）な感情とネガティブ（否定的）な感情の二つがあります。そして、そのような感情を基にして、主張・行動が起きてくるという考え方です（〈図表26〉参照）。

この事実把握のモデルは私が考案したもので、私はこのツールを「三段跳び箱モデル」と呼んでいます。

したがって、主張・行動を理解したり、とらえていくには、その背景にあ

〈図表26〉「主張」（行動）の現れ方

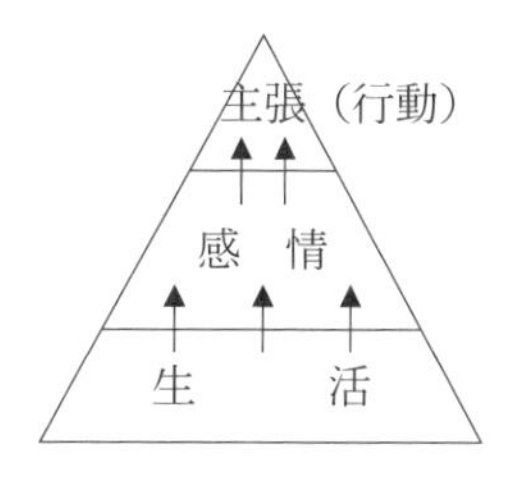


〈図表27〉「主張」（行動）のとらえ方

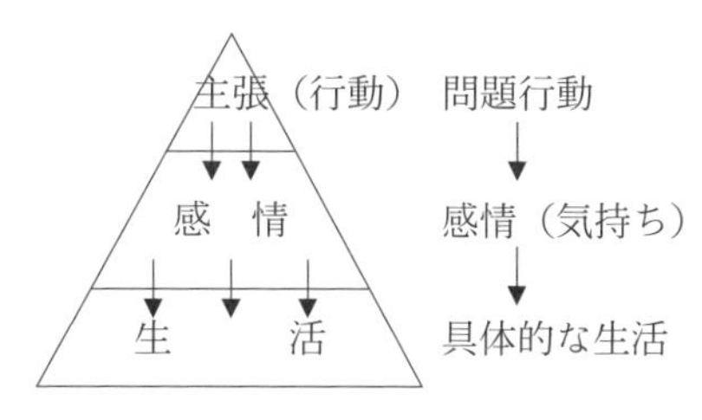

る感情（気持ち）を理解することが必要になります。また、感情（気持ち）を理解するには、その根底にある生活をしっかり理解しなければなりません（〈図表27〉参照）。

このようにモデル化して考えると、人の主張や行動が、どういう感情（気持ち）や生活を背景にしているのかがよく理解でき、とらえやすくなります。

では、事実を理解するとはどういうことなのでしょうか。それは、〈図表26〉の上昇矢印と〈図表27〉の下降矢印を何度も往復する作業を繰り返して、その三者の間に納得できるものを見出していくことにあります。

つまり、事実の理解とは、「どのような生活を背景にして」→「どのような気持ちから」→「それをやったのか」と、その人の主張・行動を、三段跳び箱を通して理解していくことなのです。

また、行動を通して送るメッセージは「最終決定」といわれています[17]。したがって、その人の主張・行動をみていく場合には、その背景や根底に「どんなネガティブな感情があるのか」ということに注目していくとよいと思います。

### (2)　議論のモデル

当事者の話の内容をしっかりとらえていくには、「議論のモデル」も役に立ちます。福澤一吉早稲田大学教授は、議論を行うには「主張」「根拠」「論拠」の三つがキーワードになると述べています。

「主張」とは、自分がいちばん言いたいこと。「根拠（経験的事実、データ）」とは、主張と対になって示される理由。「論拠」とは、主張と根拠をつなぐ役目をする「意味づけ」で、その根拠からどうして主張が導かれるかの理由に

**〈図表28〉「議論のモデル」図**

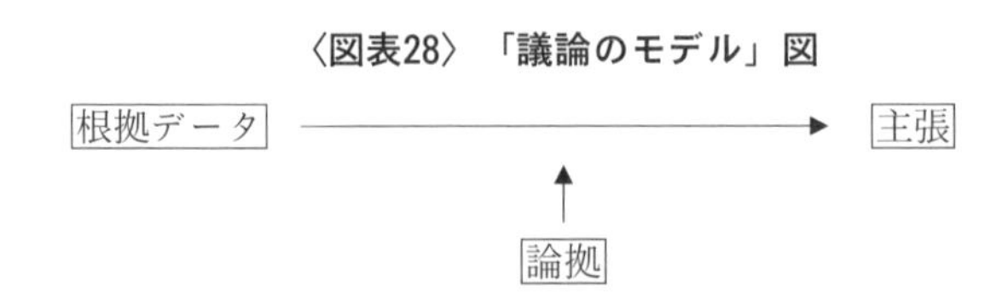


福澤一吉『議論のレッスン』（日本放送出版協会、2002）81頁から引用

対応するものをいいます。そして、福澤教授は三者の関係を〈図表28〉のように示しています[86]。

この中で、根拠と論拠が特に重要な役目をもっています。福澤教授は、自分の意見を言ったり、主張したり、結論を出したり、また何らかの意見に対して反論する場合には、その発言の裏づけとなる根拠（事実）を示すことが必要で、根拠を出すことは、「あなたの主張になにか具体的な証拠はありますか？」という質問に対する答えを出すことと同じであると説明しています。

また、根拠を単独で提示しても、それがなぜ主張に関連するのかはっきりしません。そこで、根拠と主張を結合させるためには、論拠（理由づけ）がさらに必要になり、論拠を出すことは、「あなたが提示した証拠が、どうしてあなたの主張と関連づけられるのですか？」という質問に答えることと同じであると述べています。

そして、議論においては、論拠（理由づけ）が根拠に対して重大な役割をもっており、その根拠によって主張が提示されるので、論拠は議論の根幹だが、論拠（理由づけ）はほとんど表には出てこないものとしています[86]。

つまり、ある一つのできごと（＝経験的事実）を説明する場合、説明者の“意味づけ”により、その最終的な意味が決まるというのです。

そこでは「論拠」が重要な役割を演じており、同じ経験的事実（データ；根拠）であっても、論拠によってまったく違う結論に導かれてしまうというのです。

この議論のモデルを参考に考えてみると、当事者の話や主張を聞く場合、その根拠や論拠（理由づけ）を押さえたり、確認したりしながら、話を聞く必要があるということになります。

また、当事者の主張には「正当な主張」と「正当でない主張」とがあります。「正当な主張」とは、主張、根拠、論拠の間に筋が通っており、趣旨一貫しているものです。

これに対して「正当でない主張」とは、主張とその前提としてあげられている根拠や論拠との間に一貫性がなく、齟齬や矛盾が感じられたり、不自然さが残るものです。

「議論のモデル」図にみるように、当事者の主張や説明を聞く場合には、「その根拠（データ）は何か」、「その論拠（意味づけ）は妥当か」、「根拠、論拠、主張は趣旨一貫しているか」ということを考えるようにすると、その主張や説明の正当性というものがみえてきます。

### ⑶　動機の理解

人の行動を理解する場合、動機の理解も重要です。動機の理解ができて、初めて、その人の行動の意味を理解することができます。

ドイツの社会学者マックス・ウェーバーは、社会的行為を、①目的合理的行為、②価値合理的行為、③感情的行為、④伝統的行為の四つに分類しています[87]。

目的合理的行為とは、「外界の事物の行動およびほかの人間の行動についてある予想をもち、この予想を結果として合理的に追及され考慮される自分の目的のために条件や手段として利用するような行為」をいいます。

また、価値合理的行為とは、「ある行動の独自の絶対的価値－倫理的、美的、宗教的、その他――そのものへの、結果を度外視した意識的な信仰による行為」です。

感情的行為は、「特にエモーショナルな行為、これは直接の感情や気分による行為」で、伝統的行為は、「身についた習慣による行為」とされています。

家事調停では、たとえばDV夫の暴力から逃げて姿を隠してしまった妻の所在を、DV夫が突き止めようとして、「夫婦関係調整（円満調整）」調停を申し立ててくることがあります。

これなどは、家庭裁判所の力を借りて妻の所在を何とか突き止めようとする、夫の「目的合理的行為」とみることができます。

また、家事調停では、当事者が合理的とはとうてい思えないような主張をしてきたり、自分も相手も共に破滅させるような自暴自棄的な言動を見せることがありますが、これなどはその当事者にすれば、自分の信念や思いから出た価値合理的行為とみることができます。

ここで動機について少し整理してみると、動機には、人が「語れる動機」と「語れない動機」とがあります。語れる動機とは、本人が認識している（認識できている）動機です。一方、語れない動機とは、本人が認識していなかったり、無意識下にある動機のことです。

また、語れる動機の中には、本人が「言える動機」と「言えない動機」があります。「言える動機」の中には、体裁をつくろったりするような場合があります。一方、言えない動機の中には、本人がしゃべりたくない動機も含まれます。これらを整理すると、〈図表29〉のようになります。

**〈図表29〉　動機の理解の図**

| 少年<br>当事者 | 語れる動機 | | 語れない動機 |
|---|---|---|---|
| | 言える動機 | 言えない動機 | （無意識・潜在的なもの） |
| 理解の方法 | 聴取 | 解釈・判断 | 推測・仮説 |
| （理解の根拠） | （本人の話） | （科学的理解：<br>エビデンス） | （精神分析等） |
| 理解の進度 | ──────▶ | ┈┈┈┈┈▶ | ┈┈┈┈┈▶ |

拙著『ケースで学ぶ家事・少年事件の事実をとらえる技術』（民事法研究会、2012）107頁より引用

調停担当者が当事者の主張や行動を理解していく場合、当事者の語る動機を聞く一方で、当事者が言葉では言えない動機や語れない動機についても、理解していくことが大切です。

# 第3章

# 家事調停の進行・運営と調停委員

# 家事調停の進行・運営の課題と意味

## 1　進行・運営の課題

### (1)　家事調停の「定式」の限界

家事調停手続は、①問題点の探知、②調停判断（調停案の策定・提示）、③調停合意の形成の三段階で行われ、これは「調停モデル」であることを以前説明しました（第2章Ⅰ2）。

一方、家事調停においては、立場と利害・関心とを分けずに話合いをしていくため、当事者は立場からの主張を行い、また調停では争点（対立点）をめぐって話合いを行うので、当事者は自分の立場にいっそう固執し、柔軟性にも欠け、対立が克服しにくいことを説明しました（第2章Ⅰ4）。

では、なぜこのようなやり方では、対立の克服が困難になるのでしょうか。もう一度、詳しく説明します。

当事者の主張は、信念で支えられています。哲学者伊勢田哲治京都大学准教授は、「主張との関係で考えると、主張を信じることで得られる心理状態が信念であり、この意味で信念を公に述べたものが主張である。つまり、主張と信念は表裏一体の関係にある」と述べています[15]。

また、哲学者鷲田小彌太氏は、「人間は、臆病な動物です。人間の思考も、考えられている以上に臆病です。その臆病さの1つは、自分の周囲に、高い垣根を作って、たてこもるやり方です」、「自分とは異質な思考と思えるものを、いっさい拒むやり方です」、「ところが、人間は自分も臆病ですから、狭く、固く閉ざした思考を、硬直した、一面的な思考とはみなさず、一本気で、節を曲げない思考、と賞賛しがちなのです」と説明しています[88]。

調停の場において、当事者は、自由に、主体的に、柔軟に考えることはできません。当事者は自分の考えや信念に固執しがちな一方で、相手の考えや要求の受け入れには臆病で敏感になっているからです。

ですから、対立が激しく主張の隔たりが大きければ大きいほど、家事調停の"定式"による解決法では、当事者双方の隔たりや溝を埋めていくことはできず、結局は歩み寄りも合意の獲得も難しくなってしまうのです。

つまり、離婚調停のように当事者の主張や要求が鋭く対立する一方で、話合いによる解決がほんとうに望まれるケースにおいて、家事調停の"定式"による話合いでは、意見の食い違いを埋めていくことが難しいのです。

これでは話合いによる紛争解決システムとしては、「万全ではない」ということになります。

### ⑵　調停成立率のアップ

家事調停は、昔も今も成立率を上げる努力をしてきました。そして、成立率が上がらない場合、その要因としては、複雑困難な事件が増えていること、当事者が譲歩しなくなっていること等、主に事件や当事者側の問題とされてきました。

家事調停には、裁判官（家事調停官）、調停委員、書記官、家庭裁判所調査官等さまざまな職種の人間が関係しています。そのため、成立率アップを図り、解決困難な事件に対処するため、調停委員研修の充実（資質の向上）、裁判官（家事調停官）と調停委員との評議の充実、職種間の連携強化等が近年大きく叫ばれてきています。

しかし、さまざまなADRや調停技法を学んできた私からみると、家事調停においては、紛争解決システムとしての構造とその進行・運営方法に一つの課題があるようにみえます。

家事調停がスタートして70年近くが経過しました。このような長期間にわたって調停が行われてきていながら、対立が激しく双方の主張の隔たりが大きい事件に対して、未だそれを解決に導いていく調停技法や進行・運営方法が確立されていないということは、その要因は当事者側にあるのではなく、別のところにあるように思えます。

### (3) 問題の所在

アメリカの経営学者アージリスとショーンは、「組織学習論」において、組織学習を「組織メンバーの個人を通じて行われる行動・価値の修正や再構築のプロセスである」と説明し、その学習には「シングルループ学習」と「ダブルループ学習」の二つの水準が存在することを述べています。

「シングルループ学習」とは、「既存の価値や判断基準に基づきつつ、そこで生起しているエラーや矛盾を修正する活動」のことをいいます。

一方「ダブルループ学習」とは、「既存の価値観や判断基準そのものを問題として、それらの変革を行うこと」で、「正しいことを行っているかを問う学習」のことです[89]。

家事調停では解決困難な事件に対処していくために、調停委員研修の充実、調停委員会の評議の充実、職種間の連携強化等に取り組んでいることを述べましたが、これらはいわば「シングルループ学習」といえます。既存の価値観や判断基準に基づきつつ、そこで生起している課題や問題の打開策について考えているからです。

一方、私のように家事調停の解決構造そのものを―つまり、「引き取っての解決」や「争点を中心とした話合い」を問題にしていくような姿勢は、「ダブルループ学習」といえます。

なぜなら、そこでは「現在のやり方が正しいのか」、「そこに何か問題があるのではないか」と、既存の価値観や判断基準そのものを問題にしていくからです。

ところで、家事調停においては、「足して二で割る」解決策がときどき批判されたりします。しかし、私にいわせれば、これも家事調停の「引き取っての解決」から起きてくる問題といえます。

家事調停の「調停モデル」では、当事者Ａと当事者Ｂの主張や要求に対しては、「足して二で割る」という解決案しか出せない仕組みになっています。

なぜなら、第三者である調停委員会としては、当事者のこころの底にあり、しかも外には出されていないようなニーズや考えについては、それを解決の手掛かりとしたり、それに基づいて解決案を考え提示していくことは困難だからです。

家事調停では、自主交渉援助型調停のように当事者が同席して利害・関心やニーズをお互いに探り、そこで解決に向けてのさまざまなアイディアを出し合って、それらの中から双方が納得できる合意案を練り上げるという協働作業はありません。

その結果、中立的立場でしかも第三者である調停委員会としては、当事者双方が外に出している主張や要求しか解決の手掛かりはないので、結局、当事者双方の主張や要求を「足して二で割る」という間をとった調停案しか出せないのです。

その意味で、家事調停で批判されることの多い「双方の要求を足して二で割る」という解決案は、家事調停の「引き取っての解決」構造のもとでの必然の結果であるといえます。

#### ⑷　新たな進行・運営方法

では、どうすればよいのでしょうか。私の考えは、家事調停に自主交渉援助型調停のやり方を取り入れていくというものです。

ですが、70年近くにわたって行われてきた現在の家事調停のやり方は、広く深く浸透しています。それを考えると、自主交渉援助型調停を家事調停の中にそのまま取り入れることは、現実的とはいえません。

そこで、私の考えでは、家事調停の最初の段階で、自主交渉援助型調停を取り入れることがよいように思います。

自主交渉援助型調停は当事者主体のやり方ですから、最初の段階ではこれを採用し、当事者主体で話合いをしていくのが当事者にとって好ましいうえ、調停委員会が最初から当事者間の問題を引き取り、余計な口出しをしないためにもよいように思います。

また、自主交渉援助型調停では、交渉理論を踏まえた調停スキルも開発されています。自主交渉援助型調停を家事調停に取り入れるということは、それらの交渉理論や調停スキルもいっしょに学ぶ必要性が出てくるので、調停担当者が調停スキルを身に付けていくうえでも有効です。

そうやって、最初の段階では当事者双方に十分語らせ、当事者同士で折合いのつく解決案をまず考えさせ、それが難しいとなったときに、第三者である調停委員会が、事実関係や双方の事情を考慮して解決案を示していけばよいのです。

そうすることによって、ADRの潮流を家事調停の中に取り込むことができます。この調停の進め方のイメージは、〈図表30〉のようになります。

**〈図表30〉 新たな進行・運営方法**

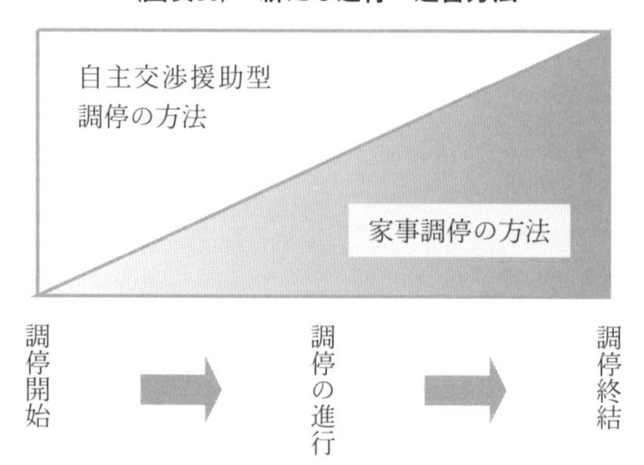


## 2　進行・運営からみた合意

### ⑴　当事者が解決する

家事調停の「調停合意説」では、調停における紛争解決の本質を当事者の自由な意思決定（合意的側面）に求めています。そこでは、当事者による自由で主体的な決断すなわち合意が重視され、調停は可能な限り当事者の主体的紛争解決努力を尊重すべきとされています[23]。

しかし、家事調停の特徴の一つが「問題を引き取っての解決」にあるため、当事者主体の調停案の策定や合意形成は、なかなかできにくい面があります。では、当事者が主体となって自分の問題を解決していくようにするには、どうすればよいのでしょうか。

ソーシャルワークでは、専門的援助関係の価値原理として、①個別化の原理、②主体性尊重の原理、③変化の可能性の尊重の原理があります。

そこでは、生活の主体は本人であり家族であり、問題をいちばんよく知っているのも、また、問題に取り組んでいるのも本人や家族です。ですから、その本人や家族を“置き去り”にするような解決は、問題があるとされます。

ソーシャルワークでは、利用者は援助者のもっている知識や技術を借りて、自らの問題を解決していく主体となること、援助者は専門職としての自らのもっている知識や技術を利用者のために利用し、利用者が問題解決の主体になるように支援すること、両者がこの役割を遂行することにより、利用者と援助者の協働作業としての問題解決行為が成立するとされています[90]。

また、当事者参加のもと、当事者の最善の利益を実現するにはエンパワメントが基盤となり、エンパワメントとは、「当事者の力を引き出し、自分で課題を解決できる環境をつくること、そして共感に基づく人間同士のネットワーク化」とされています。そして、エンパワメントの原則は、以下の８点とされています[91]。

①　目標を当事者が選択する

②　主導権と決定権を当事者がもつ

③　問題点と解決策を当事者が考える

④　新たな学びと、より力をつける機会として、当事者が失敗や成功を分析する

⑤　行動変容のために、内的な強化因子を当事者と専門職の両者で発見し、それを増強する

⑥　問題解決の過程に当事者の参加を促し、個人の責任を高める

⑦　問題解決の過程を支えるネットワークと資源を充実させる

⑧　当事者のウェルビーイングに対する意欲を高める

家事調停でも当事者主体が目指されていますが、実際にはそうならないことも多く、家事調停における一つの課題といえます。

ところで、自主交渉援助型調停においては、調停は「当事者自身の自主的

な話合いによって両当事者が納得できる解決を目指すもの」とされ、調停人は「当事者が自主的な話し合いを進めることができるように、そのプロセスを管理する」とされています[41]。

そして、このような自主交渉援助型調停―つまり、対話促進型調停が成立するには、①調停者が対話回復・促進的な役割を果たすこと、②当事者が対話による紛争解決・合意形成を目指していること、③調停者が当事者間の対話による紛争解決・合意形成を援助しうることが必要な要素とされています[92]。

ですから、家事調停において当事者主体を実現していくには、まずは調停担当者が、対話による紛争解決や合意形成を援助しうるだけの能力を備えることが必要になります。

### ⑵ 「引き取っての解決」における合意点

家事調停では調停委員会が調停案を考え、それを当事者に示したり、斡旋して、合意形成をはかる仕組みになっていることは先に述べました。

また、家事調停の「引き取っての解決」のもとでは、当事者双方の主張や要求を「足して二で割る」という解決案に陥りやすいことも説明しました。では、そうならないようにするには、どうすればよいのでしょうか。

家事調停において解決（合意）を図る場合、当事者双方を「実情・事実・真理」に向き合わせ、それを当事者に「受け入れ」させたり、「同意」させていくことが重要です。

また、家事調停でいう条理とは、わかりやすくいえば、「誰にとってもそうであるところの考え」です。ですから、そこを解決の着地点として目指していくことが重要です。では、これらを見つけ出すにはどうすればよいのでしょうか。

コンサルタント会社ディレクター細谷功氏は、どんな分野に取り組んでも業務知識の習得が早くて高いパフォーマンスを期待できる人は地頭力が強いとし、地頭力が強い人は、①仮説思考力、②フレームワーク思考力、③抽象化思考力に優れていると説明しています。そして、この三つの思考力につい

**〈図表31〉　地頭力の三つの思考力の比較表**

| | 仮説思考力 | フレームワーク思考力 | 抽象化思考力 |
|---|---|---|---|
| 一言で言うと | 結論から考える | 全体から考える | 単純に考える |
| メリット | 最終目的まで効率的に到達する | 思い込みを排除し、①コミュニケーションの誤解の最小化、②ゼロベース思考を加速する | 応用範囲を広げ、「一を聞いて十を知る」 |
| プロセス | ①仮説を立てる<br>②立てた仮説を検証する<br>③必要に応じて仮説を修正する<br>（以下繰り返し） | ①全体を俯瞰する<br>②切り口を「選択」する<br>③分類する<br>④因数分解する<br>⑤再俯瞰してボトルネックを見つける | ①抽象化する<br>②モデルを解く<br>③再び具体化する |
| キーワード | ・ベクトルの逆転（逆算）<br>・少ない情報で仮説を立てる<br>・前提条件を決める<br>・「タイムボックス」アプローチ | ・絶対座標と相対座標<br>・ズームイン（全体→部分）の視点の移動<br>・適切な切り口（軸）の設定<br>・もれなくダブりなく（MECE） | ・具体⟷抽象の往復<br>・モデル化<br>・枝葉の切捨て<br>・アナロジー（類推） |

細谷功『地頭力を鍛える　問題解決に活かす「フェルミ推定」』（東洋経済新報社、2007）25頁から引用

て、〈図表31〉のように整理しています[93]。

このうち、抽象化思考とは、対象の最大の特徴を抽出して「単純化」「モデル化」した後に一般解を導き出して、それを再び具体化して個別解を導く思考パターンのことで、そこでの重要なキーワードは、①モデル化、②枝葉の切り捨て、③アナロジー（類推：ある事象を類似のものから説明すること）の三

つとされています。

また、ここでは下のレベル（具体レベル）ではなく、あえて一度上のレベル（抽象のレベル）に引き上げてから解を導くことで、その理由は、まずモデル化して事象をシンプルにすることによって解が導きやすくなること、二番目に、抽象化することによって、すでに存在している公式や法則が使えるようになること、三番目に、公式化まではされていないがすでに類似の経験をした先人の知恵を利用できることで、「上のレベル」で解くことによって、格段に解を導く可能性が広がるからといいます[93]。

抽象化志向のプロセスは〈図表32〉のようになります。

**〈図表32〉　抽象化思考のプロセス**

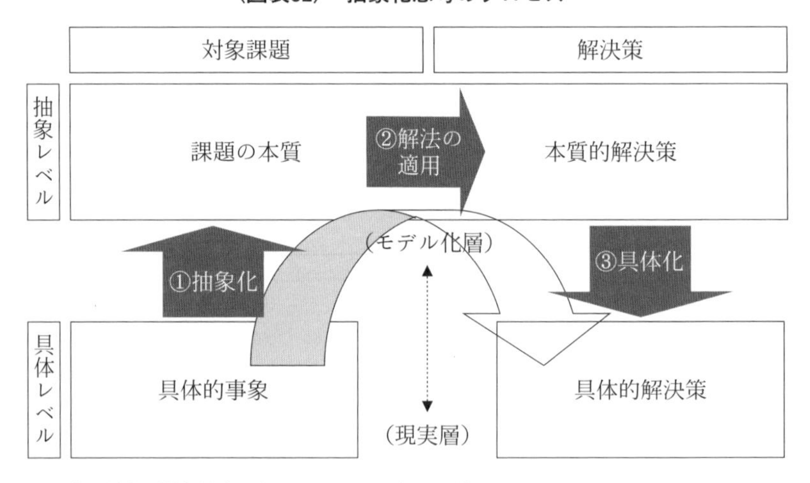


細谷功・前掲『地頭力を鍛える』159頁から引用

この抽象化思考のプロセスは、「実情・事実・真理」や「誰にとってもそうであるところの考え」の発見に役立ちます。

ここでは、抽象化思考のプロセスをわかりやすくするため、具体的事象部分（具体レベル）を①、課題の本質部分（抽象レベル）を②、本質的解決策部分（抽象レベル）を③、具体的解決策部分（具体レベル）を④とすると、抽象化思考による解決プロセスは、〈図表33〉のようになります。

〈図表33〉　抽象化思考による解決プロセス図

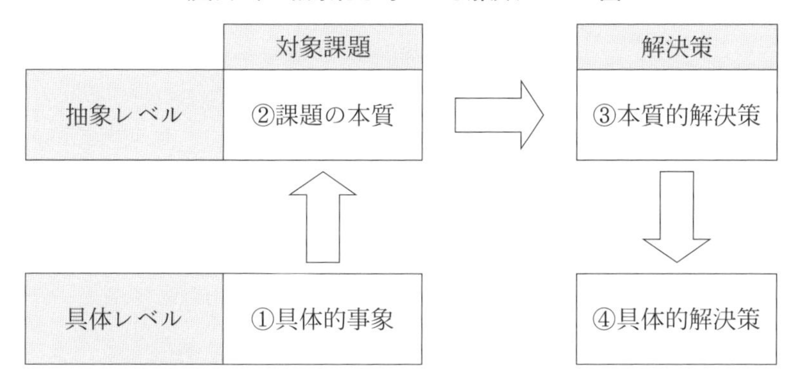


### ⑶　真実発見＝同意説

家事調停においては、「合意」は、実際には「受入れ」や「同意」のかたちをとります。ここで、家事調停における合意形成のメカニズムについて、考えてみたいと思います。

まず、「受入れ」や「同意」というのは、「実情・事実・真理」に対して向けられる当事者の意思です。当事者は「実情・事実・真理」を「受け入れ」たり「同意」をしますが、その場合、当事者双方は「実情・事実・真理」とは向き合っていますが、相手当事者とは向き合っていません。

しかし、調停における「合意」を考えた場合、この「実情・事実・真理」というものが重要な役割を演じます。どういうことかというと、この「実情・事実・真理」を当事者が理解し、それを受け入れなければ当事者は解決案を認めないからです。

その意味で、当事者は調停解決案を直接受け入れているわけではありません。当事者は、調停解決案の背景にあるところの「真実らしきもの」―つまり、「実情・事実・真理」に反応しているのです。このことを図にしてみると、次頁〈図表34〉のようになります。

しかし、これだけでは、まだ調停の合意には至りません。次に、「実情・事実・真理」を「受け入れ」たり「同意」することを通して、当事者の心の中にはもう一つ別の心理が生まれてきます。それは、「折り合いをつける」（納

**〈図表34〉　調停解決案の「受入れ」「同意」の構図**

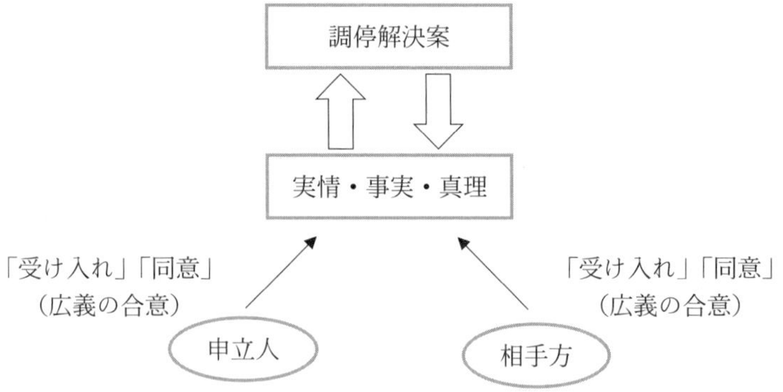

調停解決案

実情・事実・真理

「受け入れ」「同意」
（広義の合意）

「受け入れ」「同意」
（広義の合意）

申立人

相手方

得）という心理です。

当事者は「実情・事実・真理」と向き合う中で、それが自分自身に再び戻り、自分自身との間で「折り合いをつける」（納得）心理が生まれてくるのです。

そして、この当事者双方の「折り合いをつける」（納得）心理が、当事者双方を「調停の合意」へと導いていくのです。

そこで、「受け入れ」「同意」と「折り合いをつける」（納得）心理、その結果としての調停の「合意」との関係を図示すると、〈図表35〉のようになります。

**〈図表35〉「折り合いをつける」（納得）と調停の「合意」との関係**

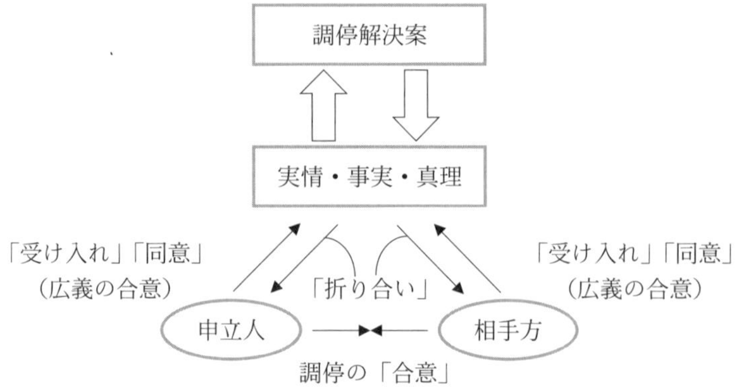

調停解決案

実情・事実・真理

「受け入れ」「同意」
（広義の合意）

「折り合い」

「受け入れ」「同意」
（広義の合意）

申立人

相手方

調停の「合意」

このモデル図にみるように、調停の「合意」というのは当事者が「実情・事実・真理」と向き合い、それを「受け入れ」たり「同意」をする中で、「実情・事実・真理」と密接に結びついているところの調停解決案を「受け入れ」たり「同意」をし、次に当事者が自分自身との間で「折り合い」をつけ（納得)、そこでようやく相手当事者との間の「合意」に応じるという、複雑な経路をたどるのです。

ですから、調停において合意を目指すには、当事者に「実情・事実・真理」を「受け入れ」させたり、それに「同意」をさせることが必要になります。私はこの考え方を「調停＝判断・同意説」と呼び、判例時報1930号（2006）に発表しました[94]。

私の「調停＝判断・同意説」は、当事者の心理に深く分け入り、合意の形成に至る経路を詳しく説明したもので、オリジナルの考えですが、ある講演会で私がこれを述べたところ、ある弁護士（元裁判官）の方から、「調停＝判断・同意説は高野耕一元判事の説（調停＝判断説）と同じではないか」と言われ、私の説が正しく認識されていないことを知りました。

しかし、高野耕一元判事の「調停＝判断説」は、私のように合意形成に至る経路について論理的に詳しく説明していないうえ、私の説のキーワードである「同意」という言葉も出て来ません。

ですから、高野説は明らかに私の説とは異なっているのですが、呼び方を似せてしまったためか、混同され同じものとみられていることがわかりました。

そこで、私は私の「調停＝判断・同意説」を、これからは「真実発見＝同意説」と呼ぶことにします。

当事者間で合意が得られない場合、調停委員会が目指すべき解決の着地点は「真実の発見」であり、それに対して当事者の「同意」を得ていくことにあると私は考えます。

そして、このような「真実発見＝同意説」は、ハーバード流交渉術における解決の基準とも合致しているように思います。

### ⑷「客観的基準」の力

ハーバード流交渉術では、利害の対立する場面においては、客観的基準が解決の基準になると説明しています。

その理由は、利害の対立する場面では、「当事者同士が意志をぶつけ合い、片方が勝てば、片方は退くしかないような交渉は、能率的でも友好的でもな」いとし、このような駆け引き型交渉では、「自分の立場を守り相手の立場を攻撃するのに相当の時間を費」し、「互いに優位に立とうと争うばかりでは、当事者間の関係を損なうだけ」で、結局は「私意をもとにして利害の対立を調和させようとすると高い代価を支払わなければなら」ず、そのため「解決は、双方の意志とは無関係の客観的基準によってなされるべきで」あると述べています[36]。

では、客観的基準とはどのようなものなのでしょうか。ハーバード流交渉術では、そのポイントとして、次のようなものをあげています。

- 私意から独立した基準であること
  客観的基準は私意から独立していることと、筋の通った実際的なものが望ましい。
- 手続の平等感が双方に満足感を与える
- 客観的基準を見出す共同作業の形にせよ
- 論理的に説得し、相手の論理も率直に聞け
- 圧力に屈せず、原則や基準にのみ従え

ハーバード流交渉術においては、「問題の客観的な本質に目を向ける」ことが重要とされ、また、「過去の経験から学んだもの」や「先例に矛盾しない合意は、攻撃されても強い」と説明しています。

一方、客観的基準や手続を交渉において扱う場合、以下のような基本的認識で行うのが望ましいとも説明しています。

1　問題の解決を、客観的基準を見つけ出す共同作業とする。
2　どの客観的基準が最も適当か、それをどう適用すべきかについて、論理的に説得するとともに、相手の論理的説得も率直に聞く。

3　圧力にはけっして屈せず、正しい原則にのみ従う。

ハーバード流交渉術は、自主交渉援助型調停をはじめADRにおける基本理論となっています。家事調停においてもハーバード流交渉術を学び、それを取り入れる時代がやってきているように思います。

## 3　儀式としての家事調停

### (1)「痛み」の受入れ

離婚調停で当事者が離婚に合意すると、その後離婚に伴って、配偶者や子どもとの別れが待っています。ですから、離婚の合意成立は、一方では、当事者間で別れる「痛み」を受入れることでもあります。では、そこで当事者はどのような痛みを感じているのでしょうか。

アメリカの心理学者キャサリン・M・サンダースは、自らも息子を事故で亡くしましたが、親が子どもを失ったときの悲しみの大きさやつらさの理由について、次のように説明しています[95]。

①　一般に子どもを失うことがまれだから

親が子どもの死を経験することはまれ。

②　親子の絆が強いから

親子間の絆ほど深い人間関係はほかにないうえ、感情的にも深く結びついている。

③　親は子どもを自分と同一視する傾向にあるから

親は子どもの中に自分自身をみるようになり、自分の未来を子どもの未来と重ね、子どもが自分の未来そのものになる。

④　子どもは親を未来につなぐ存在だから

子どもの誕生は希望や夢、期待をもたらす。また血のつながりを維持する遺伝子という形で私たちを未来へとつないでくれる。

⑤　子どもが社会とのパイプの役目をしてくれるから

子どもをもったとき、社会から一人前の大人として認められ、責任ある大人としての地位を与えられる。

そのうえで、キャサリン・M・サンダースは、子どもを失う悲しみは他の悲しみとは異なると述べ、その理由について次のように説明しています。

① 果てしない絶望

その悲しみの深さだけでなく、それに伴う罪悪感、無力感などすべての感情が強調され、長引く。

② 気持ちの混乱

子どもを失った親は、何事にも集中できなくなり、この空恐ろしい悲劇を何とか受け止めようと心が絶望的な戦いを続ける一方、頭の中はわけのわからない思いが錯綜し、混乱する。

③ 行き場のない怒り

子どもを救うためにもっと何かできたはずだというのが怒りの源。そのため、配慮を欠いた無神経な言い方をすると、事態をいっそう悪くする。

④ 避けられない罪悪感

親は子どもに対し責任をもっているため、子どもに何か起こるとすぐに自分を責める。

⑤ ストレスによる心身の消耗

死別によって引き起こされる悲しみは精神的エネルギーを大量に消費する。そのエネルギーの消費が心と体をどんどん消耗させ、心身のバランスを失わせる。

離婚に伴う配偶者や子どもとの別れは、死別とは少し意味合いが違うのかもしれません。しかし、たとえ生別であったとしても、配偶者や子どもと別れざるを得ない人間の心理は、子どもと死別した親の心理と共通するものがたくさんあるはずです。

離婚調停事件では、子どもをめぐり当事者双方が奪い合いを演じ、どちらも譲らないで話合いが難航するケースが少なくありません。

しかし、子どもを失う親の心理がここにみるようなものであるとしたら、親の子どもに対する気持ちや思いは子どもと一体で、かなり深く、結びつきが強いことがわかります。

ですから、離婚調停の話合いを進めるにあたっては、親の子どもに対するこのような気持ちや思いについても理解し、それを念頭に置いて進行・運営を考える必要があります。

### ⑵　家事調停と儀式

家事調停で合意が成立すると、調停委員は裁判官（家事調停官）のもとに説明に行き、説明を受けた裁判官（家事調停官）は、調停室で当事者に対して内容の確認と説明を行い、調停の成立を宣言してその調停は終了します。

合意成立によって当事者間の紛争はひとまず収束をみますが、この最後の場面で、調停委員と裁判官との意思の疎通や連携のまずさから、あるいは裁判官の当事者に対する不用意な発言等により、当事者が翻意して合意が壊れたという経験を、私は何度かしました。

そのため、家事調停においては、当事者間で合意ができた段階でも、まだ気を抜かないことが必要です。ここで足を踏み外してしまうと、それまでの努力がアッという間に崩れてしまいます。

そのようなことを避けるには、合意が成立した場合には、"成立の儀式"をしっかりと行うことが望ましいと私は考えます。その際参考になるのが、「別れの儀式」です。

心理学者キャサリン・M・サンダースは、「その目的が何であれ、昔から伝わるさまざまな儀式はどれも三つの段階から成り立つか、そのうちの一部分を担ってい」るとし、三つの段階とは、次のものであると説明しています[95]。

◇断絶：別れ、終わりを意味する部分（例；葬式）

◇移行：一つの状態から別の状態へのゆっくりとした変化を意味する部分（例；成人式）

◇再結合：新しい人生の再出発、新しいはじまりを確認する部分（例；結婚）

そして、儀式の意味については、次のように説明しています。

ア　人生に新たな意味を与えてくれるものであること

イ　儀式に他人が参加することにより、他人とのかかわりをきっかけとして、一つの状況を新たな状況へと積極的につくり変えていくようになること

ウ　人生で出会う特別な出来事や変化（たとえば、成人、離婚、退職、病気からの回復、家の新築、引越しなど）はしっかり確認される必要があり、そのための儀式はどのようなものでも構わないが、儀式にかかわることで、つらい状況であれうれしい状況であれ、そこで生きることの意味を確認することができること

エ　起きてしまった出来事は左右できないが、それから逃げずにしっかりととらえれば、より深い意味を見出し、儀式は現実をしっかり見据えるのを助けてくれること

家事調停においても、何らかの合意や結論に達した場合は、調停を行ったことの意味を当事者の中にしっかりと組み込んでおく必要があります。

そのためには、調停の場を一つの“儀式の場”と考え、これからの当事者の人生に新たな意味を付与したり、これまでの当事者の労苦や努力を讃えるといったことを、もっと積極的に行っていくことが必要であるように思います。

**⑶　アフターフォロー**

家事調停は、家族員の福祉や幸福を考える話合いである、と先に述べました。ですから、そこでは勝者や敗者が生まれることは好ましくないのですが、実際には子どもの親権争いでも養育費や面会交流をめぐる争いでも、勝者と敗者が生まれている面があります。

調停では、調停担当者の目はどうしても話合いの合意に向きがちですが、それに劣らず重要なことは、合意した内容がその後当事者の生活の安定や福祉（幸福）に継続的に与っていくということです。

ですから、せっかく合意ができても、養育費の支払いが最初からなかったり、面会交流が一度も実施されなかったりすると、当事者双方が負担を払って成立したあの調停は「いったい何だったんだろう」と思わざるを得ないよ

うな心境にさせられます。

家事係家庭裁判所調査官として履行勧告事件を扱っていると、調停で合意はしたが、最初から金銭給付等の義務が履行されないというケースがめずらしくありませんでした。これでは、子どもの養育費を受け取る側としては、たまったものではありません。

ですから、家事調停の合意成立は、当事者の生活の安定に大きく影響するばかりでなく、それは家族員個々の幸福に直結していることを、調停機関も当事者もしっかり認識することが大切です。

また、儀式としての家事調停を考えた場合、意に沿わない結果に終わった当事者に対しては、アフターフォローもかねて、やさしく丁寧な説明を行っていく必要があります。

作家橋本治氏は、「終結の仕方」に関する説明において、勝者のなすべきこととして、「勝って第一に考えられるのは、『敗者の処遇』です。『敗者となった者』を平気で野放しにして、そのために、せっかく得た勝利を覆されるような愚かな結末へ導いては、『戦争の勝利』が無意味になります」と述べ、「敗者の処遇を考える」ことが重要であること、また「敗者の処遇」とは、「『敗者となった者に、なぜ自分は敗者となったのか？ということを理解させること』で、敗者が生きていける余地を与えることです」と説明しています[96]。

家庭裁判所調査官時代は私もそうでしたが、調停で合意が成立すると、それで一段落した思いになっしまって、その後の当事者の生活状況や合意内容の履行については、まったく当事者任せの状況でした。

しかし、離婚した父からの養育費の受給に関して、「現在も受けている」割合が19.7％といった数字をみると（厚生労働省「平成23年度全国母子世帯等調査結果」）、家事調停においては、合意した内容の確実な履行に向けて、もっといろいろ工夫する余地があるのではないでしょうか。

そして、そのような“小さな技術”の積み重ねが、調停での合意の実行性を高めていくように思います。

# Ⅱ　家事調停の本質と基盤

## 1　家事調停の本質

### (1)　本質とは何か

本質とは、「その物事がそれ以外のものではないことを示す根本的な性質」（角川書店『類語国語辞典』）とされています。

家事調停では従来、「調停合意説」や「調停裁判説」あるいは「調停＝判断説」が語られ、「合意」や「判断」は調停の本質あるいは本質的契機といわれてきました。

しかし、私はこの説明には違和感を覚えています。では、不成立の事案や取下げのような場合、「それは調停ではないのか」という疑問が浮かんでくるからです。

また、調停の本質あるいは本質的契機は「合意」または「判断」といくら説明されても、そこにおいては、家事調停の姿やかたちはいっこうにみえてきません。

これらの説明では、調停の主役である当事者、当事者間の話合い、調停機関といった家事調停を構成する要素が登場しないので、調停の本質を十分語ってくれてはいません。

### (2)　家事調停の解決の本質

そういう疑問を覚えていたところ、梶村太市常葉大学教授（弁護士、元判事）から贈られた著書『新家事調停の技法』を読んでいたら、「調停における紛争解決の本質を、当事者の自由な意思決定（合意的側面）に求めるか、それとも調停委員会の相当性の判断に求めるか」という説明があり、調停における紛争解決の本質ということであれば、それは「理解できるな」と感じました。

では、梶村教授が述べるように、紛争解決の本質が合意または判断であるとした場合、“本来の”調停の本質が別にあるのではないか、と私は考えます。

また、私の考えでは、調停本質論が語られるのであれば、それに沿うところの「調停技術（方法）論」や「調停者論」も同時に語られる必要があるように思います。

**(3)　家事調停における本質**

このように考えると、調停論を語るのであれば、「本来の」調停本質論がまずあり、次に「解決の本質としての」調停本質論があり、そのうえで、「調停技術（方法）論」および「調停者論」があり、これらが横並びになっているのが、本来の調停論の姿であるように思います。

そうすると、調停担当者の役割としてこれまでに語られた「川土手の見張り人説」や「パン屋のあるじ説」は、この整理方法においては、調停者論ということになります。

「川土手の見張り人説」とは、「調停機関側（調停委員なり裁判官なり）の役割は、川の土手に居て、川の水の流れ（当事者の相対交渉）があふれたり、あくたでもって詰まったりするのをよく見張って取り除いたりするだけの役割」というものです。

また「パン屋のあるじ説」は、高野耕一元判事の説ですが、「調停機関（調停委員会）の役割は、あたかも、『パン屋のあるじ』のようなもの」で、「『パン屋のあるじ』（調停機関）というのは、良質の材料を吟味（問題点の探知）して、客（当事者）のニーズに合うように、おいしいパン（調停案）をできるだけ早く安く作って、それを客に提供すると、客は自分のニーズに合ったパンを買って（調停合意の成立）帰」るというものです[29]。

一方、私の「真実発見＝同意説」では、「本来の」調停の本質は、当事者（の対話）、司法の枠組み（家事調停制度）、調停委員会（調停機関）の三つになります。

そこにおける調停技術・方法は、プロセス管理、アクティブ・リスニング、抽象化思考と解の導出、そしてエンパワーです。

さらに、私の説における調停機関の役割は、プロセスコンサルタント、事実・真理の発見（誰にとってもそうであるところの考えの発見）、当事者の成長・成熟の促進になります。これらを整理したのが〈図表36〉です。

**〈図表36〉　家事調停の本質、調停技法、調停機関の役割の整理図**

| 調停の本質<br>（本来の本質論） | 解決の本質<br>（一般にいう本質論） | 調停技法<br>（調停技術(方法)論） | 調停機関の役割<br>（調停者論） |
|---|---|---|---|
| 語られず | 調停合意説<br>（合意＞判断） | 語られず | 流れをよくする<br>(川土手の見張り人) |
| 語れず | 調停＝判断説<br>（判断＞合意） | 語られず | 客のニーズに応える<br>（パン屋のあるじ） |
| 司法の枠組み<br><br>当事者の対話<br><br>調停機関のサポート | 真実発見＝同意説<br>（事実・真理の発見と同意） | プロセス管理<br>アクティブリスニング<br>抽象化思考と解の導出<br>エンパワー | プロセスコンサルタント<br>事実・真理の発見（誰にとってもそうであるところの考えの発見）<br>成熟・成長の促進 |

## 2　家事調停の拠って立つ「基盤」

### (1)　家事調停に必要な「基盤」

家事調停については、高い視点や広い視野から考えることも必要です。そうしないと、家事調停というものを全体的に、また総体的にとらえることができません。

家事調停ではこれまで、調停合意説や調停＝判断説といったかたちで調停の本質あるいは本質的契機が語られることはあっても、その拠って立つ基盤については、ほとんど検討されてきませんでした。

しかし、家事調停の拠って立つ基盤をしっかり押さえておかないと、実際の調停が理念や理想を欠き現実に流されてしまったり、調停担当者の個人的な考えによって判断されたり、動かされていってしまいます。

ですから、家事調停では、その拠って立つ基盤―つまり、その基本にあるところの価値をしっかり理解しておく必要があります。では、家事調停の拠って立つ基盤とはいったい何なのでしょうか。

### ⑵　家事調停における「価値」

私はソーシャルワークを学ぶ中で、ソーシャルワークの利用者へのかかわり方や技法は、家事調停における当事者へのかかわり方や技法と、ほとんど同じであることに気づきました。

ソーシャルワークとは、「社会援助のことであり、人々が生活していく上での問題を解決なり緩和することで、質の高い生活（QOL）を支援し、個人のウェルビーングの状態を高めることを目指していくこと」（平成15年日本学術会議・社会福祉・社会保障研究連絡委員会報告）とされています。

そこでは、人と環境に働きかけ、人間関係に問題があれば人間関係を調整したりしながら、人々がよりよく生きられるように援助していきます。

ところで、広辞苑〔第六版〕によると、価値には、①「よい」といわれる性質、②人間の好悪の対象になる性質、③個人の好悪とは無関係に、誰もが「よい」として承認すべき普遍的な性質（真・善・美）などの意味がありますが、ソーシャルワークにおける価値は、「個々のソーシャルワーカーの実践の判断や方向性に影響を与えるので、ソーシャルワーカー集団としての価値を内在しておくことが専門家として大切になる」とされています[18]。

そして、ソーシャルワークにおける価値は、「個人の尊厳の保持」と「社会正義」の二つとされています。「個人の尊厳の保持」とは、その人をかけがえのない存在として尊重し続けることが求められることで、それが尊厳を保持することになります。

また、「社会正義」とは、人間が社会生活を行ううえで必要な道理のことで、差別、貧困、抑圧、排除、暴力等のない、自由、平等、共生に基づく社会の実現を目指すことです。

一方、家事調停の機能として福祉的機能（ソーシャルワーク）があることを先に述べましたが、そうすると、家事調停の価値の中にも「個人の尊厳の保持」と「社会正義」が含まれることになります。

実際、家事審判法１条には、「この法律は、個人の尊厳と両性の本質的平等を基本として、家庭の平和と健全な親族共同生活の維持を図ることを目的とする」と規定され、憲法の精神である「個人の尊厳」と「両性の本質的平等」を尊重しなければならないこと、またそこでは、「家庭の平和」と「健全な親族共同生活の維持を図ること」が目的（目指すべき価値）とされていました。

また、家事調停が司法の一作用として行われている以上、家事調停においても当然、社会正義を目指していかなければならないものといえます。

したがって、家事調停の基盤にある「価値」を考えた場合、そこではソーシャルワークの価値＝「個人の尊厳の保持」「社会正義」と、憲法の精神＝「個人の尊厳」「両性の本質的平等」、および家事調停自体の価値＝「家庭の平和」「健全な親族共同生活の維持」のすべてが含まれてくるものと思われます。

また、家事調停では現在「子の最善の利益」が重視されていますが、「子の最善の利益」もこの価値の中に含めるのがよいでしょう。

そうすると、家事調停の基盤にある価値としては、「個人の尊厳（の保持）」「社会正義」「両性の本質的平等」「家庭の平和」「健全な親族共同生活の維持」「子の最善の利益」ということになります（〈図表37〉参照）。

**〈図表37〉　家事調停の基盤にある価値**

| ソーシャルワークの価値 | 憲法の精神 | 家事調停の価値 |
|---|---|---|
| 個人の尊厳の保持 | 個人の尊厳 | 家庭の平和 |
| 社会正義 | 両性の本質的平等 | 健全な親族共同生活の維持 |
| | | 子の最善の利益 |

したがって、これらの価値や理念を実現していくことへの寄与や貢献が、家事調停には求められてくるように思います。

# Ⅲ　家事調停委員の専門性と課題

## 1　家事調停委員と調停委員会

ここでは、調停担当者としての家事調停委員の課題や問題を取り上げてみたいと思います。

### (1)　家事調停委員の選任

家事調停委員は、「民事調停委員及び家事調停委員規則」および最高裁判所通達「民事調停委員及び家事調停委員の任免について」（昭和49年7月22日最高裁民二第625号）に基づいて任免がされています。

最高裁判所の通達では、選考の基準について次のように述べています[97]。

> 第三　選考の基準
>
> 一　候補者の有すべき資質等については、次の諸点に特に留意しなければならない。
>
> 1　公正を旨とする者であること。
>
> 2　豊富な社会常識と広い視野を有し、柔軟な思考力と的確な判断を有すること。
>
> 3　人間関係を調整できる素養があること。
>
> 4　誠実で、協調性を有し、奉仕的精神に富むこと。
>
> 5　健康であること。
>
> 二　候補者は、調整に対する理解と熱意を有し、かつ、現実に調停事件を担当できるものでなければならない。
>
> 三　調停事件の処理に支障が生ずると認められる場合には、民事又は家事の紛争の解決に特に有用な専門的知識経験を有する者その他特に必要があると認められる者に限り、年齢四十年未満又は七十年以

上であっても任命の上申をすることができる。

調停委員には、民事あるいは家事の紛争の解決に有用な専門的知識経験を有する者や社会で活躍された方々が調停委員としてふさわしいとしてセレクトされ、任命されています。

ですから、一般に個々の調停委員の社会的なレベルはかなり高いと思われますが、家事調停で求められる能力や調停技術は、一般社会で通用している能力や生活技術とは若干異なる面があります。

そして、それらをどうマスターしていくかということが、調停委員の一つの課題であるといえます。

### (2) 家事調停委員の職務

家事調停に造詣の深い沼邊愛一元判事は、調停委員に求められるものとして、「事案の真相を把握する面においても、客観的に事実を見る力や、当事者に対する面接の方法技術を身につけていること、調停判断のための法的側面についても、最小限度の知識を有していること、また人間関係諸科学を活用してなされる家庭裁判所調査官の調査結果を理解しこれを調停の結果に反映させうる素養を有すること、当事者に対する説得についても、人間を望ましい姿に調整できるよう説得を行うための能力を有することが必要となる」としています[98]。

ここでは、①事実を客観的にとらえていく力、②当事者に対する面接の技術、③調停判断に必要な最小限度の法律知識、④人間関係諸科学の理解と活用、⑤調整・説得の能力等さまざまな技術と能力があげられています。

一方、これとは対照的に、自主交渉援助型調停における調停人の役割ははっきりしています。自主交渉援助型調停では、調停人の役割について、「当事者が自主的な話し合いを進めることができるように、そのプロセスを管理すること」とされ[41]、またレビン小林久子教授は、「対立する人の間に立って、その対立を和らげ、話し合いの促進を図ること。主役は当事者同士、調停者はその補佐役に過ぎない」と説明しています[99]。

一方、自主交渉援助型調停と同じ解決スタイルの「教師学」では、「相手が問題解決のプロセスを踏むことを援助していく役割を、『プロセスコンサルタント』になる」と説明しています[100]。

自主交渉援助型調停における調停人の役割は、当事者間の話合いを促進する補佐役に徹することですが、それに比べると、調停委員に求められる職務や役割はかなり複雑で、レベルも高いところに置かれているように思います。

### ⑶　調停委員会の構成員

家事調停を実施する調停機関は、調停委員会または裁判官（家事調停官）です（家事事件手続法247条）。そして、調停委員会は、家事調停では一人の裁判官（家事調停官）と二人以上の家事調停委員とで組織され、家事調停委員は受調停裁判所が各事件について指定します（同法248条１項・２項）。

調停委員は裁判官（家事調停官）とともに調停委員会を構成し、具体的事件に携わっていきますが、裁判官（家事調停官）がすべての調停に出席できない状況下にあっては、調停委員だけによる調停は避けられず、そのため調停委員の活動や言動が、その調停事件においては大きな意味と役割をもちます。では、調停委員会の構成員としての調停委員には、いったい何が求められるのでしょうか。

近代管理論の父バーナードは、組織を公式組織と非公式組織とに分けています。そして、公式組織については、「公式組織とは、意識的で、計画的で、目的をもつような人々相互間の協働である」とし、公式組織は、「⑴交互に意思を伝達できる人々がおり、⑵それらの人々は行為を貢献しようとする意欲を持って、⑶共通の目的を目ざすときに、成立する。したがって、組織の要素は、⑴伝達（コミュニケーション）、⑵貢献意欲、⑶共通目的である」と説明しています[101]。

調停委員会は家事調停に携わり、家事調停事件を解決していくために、計画的に、意識的に、目的的に組織されたものであり、家事事件手続法にも定められている公式組織といえます。

そうすると、調停委員会は公式組織である以上、そこでは、伝達（コミュニケーション)、貢献意欲、共通目的が求められてくるものといえます。

調停委員会における調停委員の果たすべき役割については、従前根本的なところでの議論はあまりされませんでした。しかし、経営理論からみた場合、そこでは伝達(コミュニケーション)、貢献意欲、共通目的が求められると考えて、まず間違いはないでしょう。

調停委員会を構成する調停委員としては、目的や役割をしっかり理解し、当事者とのコミュニケーションを深め、また裁判官（家事調停官）との評議をしっかりと行い、家事調停の充実や発展のために貢献することが求められているように思います。

## 2　家事調停委員の専門性

### ⑴　専門性とは何か

調停委員は、調停に関して専門性をもつ必要があります。高野耕一元判事は、「調停は裁判に勝るとも劣らないぐらい大事な、適正若しくは妥当な紛争解決法であ」るとし、それに従事する調停委員は、「その困難な仕事に従事している以上、目指すは『調停委員としてのプロ』でなければなりません」と述べています[29]。では、調停委員の専門性とはいったいどのようなものなのでしょうか。

先に、家事調停の基盤にあるところの価値は、「個人の尊厳（の保持)」「社会正義」「両性の本質的平等」「家庭の平和」「健全な親族共同生活の維持」「子の最善の利益」であると説明しました。

ですから、調停委員の専門性を考える場合には、まずこれらの価値について理解しておく必要があります。

調停委員の専門性は、その基盤としての価値の上に、家事調停で求められまた必要となる「知識」と「技術・方法」とを乗せていく構造になります(〈図表38〉参照)。

**〈図表38〉　家事調停委員の専門性の構造**

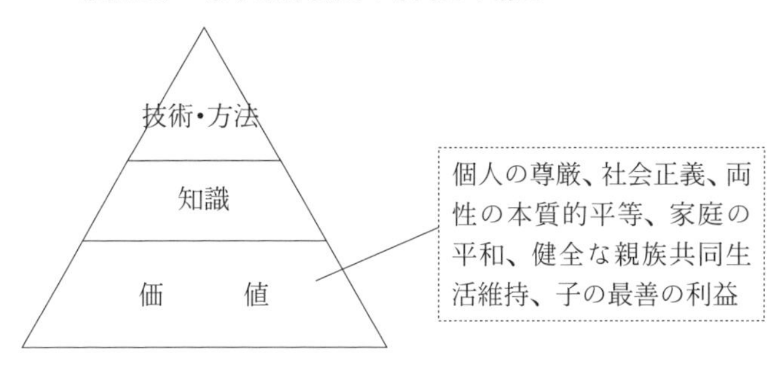


先に、沼邉愛一元判事が調停委員に必要な能力として、①事実を客観的にとらえていく力、②当事者に対する面接の技術、③調停判断に必要な最小限度の法律知識、④人間関係諸科学の理解と活用、⑤調整・説得の能力をあげているのを紹介しましたが、それらは、この図表の中の「知識」と「技術・方法」の枠の中に入ることになります。

調停委員研修では「調停の専門家」が目指されますが、調停委員の専門性についてはこれまで、しっかりした説明がされてきませんでした。そのため、調停委員の専門性というものを、しっかりとらえることができないできたのではないかと私は思っています。

調停委員としては、価値を基盤にし、その上に知識と技術・方法を身に付けていくことが必要です。それはとりもなおさず、「専門性をもつ自己になる」ということです。

### (2)　調停活動に対する社会の承認

では、なぜ家事調停委員は、「専門性をもつ自己になる」必要があるのでしょうか。それは以前にも述べましたが、調停技術では「自分」（主体）と「調停技術」と「ツール」（価値観）とが一体化していて、すべて自分自身だからです。

そのため、「価値」を基盤にもち、その上に「知識」と「技術・方法」を身に付けたところの「一体化した自己」になる必要があり、それを社会に納得してもらうことが必要なのです。

社会からみても、当事者からみても、誰がみても、調停委員は「専門性をもつ自己である」ことを承認してもらう必要があります。

そのような「専門性をもつ自己である」調停委員の活動に対しては、社会も、当事者も、高い信頼を寄せてくれるものと思います。つまり、社会もそのことを承認してくれるはずです。

これを別の視点からみると、そのような「専門性をもつ自己である」調停委員に対し、社会は調停活動を行う権限を委任する格好になります。これを図示したのが〈図表39〉です。

**〈図表39〉　調停活動に対する社会の承認の図**

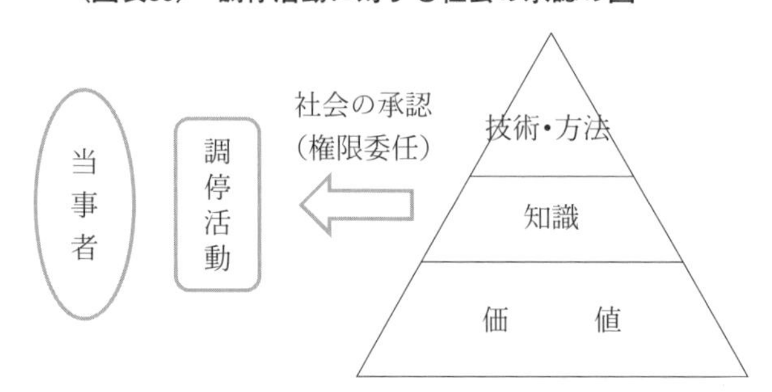


## 3　家事調停委員に対する批判

### (1)　家事調停委員に対する各種の意見

調停委員に対しては、昔も今もさまざまな批判がみられます。調停委員に対してどのような批判や指摘がなされているのか、私はいろいろと調べて整理し、論稿「家事調停委員の60年――その基本的性格と課題」(2010、未発表)をまとめました。

この論稿は発表しないまま私の手元に置いてあるのですが、ここで、その研究の一端をお伝えしたいと思います。

私は調停委員に対してなされた1980（昭和55）年代の批判や指摘と、2000

(平成12) 年代になされた批判や指摘の論稿をいくつかを拾い、その内容を整理して検討しました。取り上げた論稿は、以下のとおりです。

【1980年代のもの】

1　日本婦人法律家協会「家庭裁判所制度の問題点」(判例タイムズ419号、1980)

2　婦人公論「座談会　家裁調停委員にもの申す」(婦人公論1981年3月号)

3　日本弁護士連合会「第11回司法シンポジウム記録、国民の裁判を受ける権利㈡――民事裁判の現状と課題――」(日本弁護士連合会司法シンポジウム運営委員会、1987)

【2000年代のもの】

4　深田源次「弁護士調停委員への要望と期待――調停委員制度改善の視点も合わせて」(第一東京弁護士會々報358号、2002)

5　最高裁判所事務総局「調停制度の現状と課題――調停制度80周年を迎えて――」(家庭裁判月報54巻9号、2003所収;平成13年11月内閣府男女共同参画局「配偶者からの暴力に関する事例調査」)

6　大阪調停協会「<座談会>よりよい調停のために」(調停時報158号、2005)

7　日本弁護士連合会「家庭裁判所シンポジウム　家事調停のあり方を考える㈦」(判例タイムズ1177号、2005)

### ⑵　家事調停委員に対する批判の内容

調停委員に対する批判や指摘の内容はさまざまですが、ここではその比較を容易にするため、内容に関して、「基本的資質（意識・価値観／姿勢・態度)」「調停作業能力（話のきき方／説明・判断／調停の進め方・運営)」「素養（知識・能力)」「その他（研修・任命)」に分けて整理をしました。

こうして、1980年代のものと2000年代のものをまとめたのが、〈図表40〉と〈図表41〉です。

**〈図表40〉　家事調停委員に関する1980年代の批判**

| | | 1　婦人法律家協会(1980) | 2　婦人公論(1981) | 3　日弁連・司法シンポジウム(1987) |
|---|---|---|---|---|
| 基本的資質 | 意識・価値観 | ・価値観に問題がある | ・男性上位の雰囲気 | ・権利の尊重に欠ける |
| | 姿勢・態度 | ・当事者に高圧的<br>・公平さを疑われる言動がある | ・女性に忍耐を強い女性の気持ちを全く無視<br>・弁護士がつくと態度が変わる | ・熱心でない<br>・不親切<br>・常識に欠ける<br>・公平さに疑問がある<br>・代理人がつかないと威圧的態度 |
| 調停作業能力 | 話のきき方 | ・きき方不十分 | | ・言い分を十分きこうとしない |
| | 説明・判断 | ・一律的基準に当てはめる<br>・自分の経験中心<br>・独りよがりで説明不足<br>・判断が感情的・恣意的<br>・適切な判断ができない | ・自分の経験でものを言っている | ・自分の意見の押しつけ |
| | 調停の進め方・運営 | ・弱い方に譲歩を強いる<br>・困難な事件を面倒がる<br>・受身でリーダーシップ不足<br>・納得を得る努力を十分せず案を押しつける | ・弱い者への押しつけ<br>・女性委員は主体性がない<br>・話合いは力関係で決まることがあり不公平 | ・事前の準備、検討が不十分<br>・指導力に欠ける |
| 素養 | 知識・能力 | ・理解力不足<br>・法律的素養に問題ある | | ・事件把握理解力に欠ける<br>・専門的知識を欠く |

| | | | | |
|---|---|---|---|---|
| その他 | 研修・任命 | ・教育訓練不足<br>・再任の審査を厳格に行う必要 | ・全国規模でもっと十分な再教育が必要<br>・離婚経験ある者は調停委員に選任されない<br>・調停委員のリコールや変更の道を拓くべき | ・選任方法がわからない |

**〈図表41〉　家事調停委員に関する2000年代の批判**

| | | 4　深田源次弁護士（2002） | 5　調停制度80周年（2003） | 6　大阪調停協会（2005） | 7　日弁連・家裁シンポジウム（2005） |
|---|---|---|---|---|---|
| 基本的資質 | 意識・価値観 | | ・離婚が悪いとの態度 | | |
| | 姿勢・態度 | ・ジェンダー発言が多い | | ・プライバシーへの配慮のなさ<br>・中立・公平さに欠ける | |
| 調停作業能力 | 話のきき方 | ・当事者の不満を聞いてくれない<br>・不要無関係な事柄の聴取 | ・あまりに中立的過ぎ疲れた<br>・話を聞いているようで結局聞いていない<br>・相手の嘘を信じる<br>・相手の不誠実や虚言を問題にせず<br>・もっと大変な人がいると養育費要求を取り上げてもらえず | ・枝葉末節の話が多すぎる | ・離婚の問題をわかってもらえない<br>・男性・夫の言うことを信じてしまう |

| | | | | | |
|---|---|---|---|---|---|
| | 説明・判断 | ・一方の説明を相手に繰り返し、説得や案の提示がない<br>・女性委員の発言ゼロ | ・女性は発言力がなく男性は上からのもの言いで馬鹿にされている気分 | ・一方的に決め付け高圧的<br>・価値観の押しつけ<br>・自分の経験に固執<br>・結論が一義的 | ・説教される<br>・価値観の押しつけ |
| | 調停の進め方・運営 | ・わが意のままの調停<br>・元裁判所職員が専断的調停<br>・相方調停委員との不協調 | ・元の鞘におさめようとする<br>・男性側の意見が重要とみなされている | ・一人の委員が主張<br>・しゃべるのは男性ばかりで女性は相づち | ・数回の調停で決着<br>・早く終わらせる<br>・一人でどんどん進める |
| 素養 | 知識・能力 | ・間違った法的説明 | ・暴力被害女性について勉強して欲しい | | ・精神的・経済的DVの理解が不足 |
| その他 | 研修・任命 | ・選考基準、方法の明確化 | | | |

### ⑶　共通する批判

1980年代においても2000年代においても、調停委員に対しては、厳しい批判や指摘が少なくありません。では、調停委員の何が、どこが、問題とされているのでしょうか。

全体としてみると、調停委員に対する批判や指摘は1980年代と2000年代とで言い方は多少違っていますが、指摘されている事柄には共通しているものが少なくありません。

批判や指摘の内容で1980年代と2000年代の両方にみられるものを取り上げてみると、以下のようになります。

〔意識・価値観〕：問題がある

〔姿勢・態度〕：公平さに欠ける

〔話のきき方〕：十分きこうとしない

〔説明・判断〕：自分の意見、経験、価値観を押しつける、適切な判断に欠ける
〔調停の進め方・運営〕女性委員は主体性がない
〔知識・能力〕：法律的素養や専門的知識を欠く、理解力に欠ける
〔研修・任命〕：選考の基準や方法が不明

このように調停委員に対する批判や指摘の内容は、20年の隔たりをおいても、そこには共通している事柄がかなり多いように思います。

そして、取り上げられている事柄は、基本的資質（意識・価値観、姿勢・態度）、調停作業能力（話のきき方、説明・判断、調停の進め方・運営）、素養（知識・能力）等、調停委員として必要となる基本的資質や事柄の全般にわたっています。

とりわけ問題と思われるのは、〔話のきき方〕、〔説明・判断〕および〔調停の進め方・運営〕に対する批判や指摘の多さです。

当事者の話を十分聴き、適切・妥当な説明・判断や調停運営が求められる調停活動のまさに“中核”の部分において、さまざまな批判や指摘が多く出されています。

したがって、調停委員の問題を考えていく場合には、調停委員としての職務の中核部分に対する批判や指摘がなぜ多く出されてくるのか、その背景や要因についてよく検討することが必要です。

もっとも、この研究から５年以上が経過しており、また、その後家事事件手続法が施行されるなど、家事調停をめぐる状況には変化がありますが、もしその後も同じような状況が続いているとしたら、ここでの批判や指摘を改善していくための方策について考える必要があります。

ここでは調停委員に対する批判や指摘を調停委員個々人の問題として取り上げましたが、本当の問題は、調停委員に対する研修や養成体制のあり方やその充実策にあるように思います。

私の考えは、現代の家事調停事件に携わっていくには、個々の調停委員の資質や努力に頼るのではなく、専門性をもっと高めていく方策が必要である

こと、そのためには裁判所職員総合研修所を活用するなどの中央研修を行い、充実した研修やトレーニングを実施していくべきではないかというものです。

そうしないと、家事調停の技術は自主交渉援助型調停の調停スキルにはとても太刀打ちできず、どんどん時代から取り残されてしまうように思います。

## 4　家事調停委員の課題

### (1)　家事調停委員の「自己理解」

家事調停委員に対するさまざまな批判をみてみました。その中で、特に考えなければいけない事柄は、〔話のきき方〕＝十分きこうとしない、と〔説明・判断〕＝自分の意見、経験、価値観を押しつける、適切な判断に欠ける、の二つのように思います。

調停委員の方々のほとんどは、当事者の話を一生懸命に聴こうと努めているものと思います。それなのに、なぜこのような批判を浴びてしまうのでしょうか。このことを考えてみることが大事です。

これには、調停技術の構造や仕組みが関係していると私は思います。先に私は、調停技術におけるツールは調停委員自身(価値観)であること、また、調停技術においては、ツールも、技術も、全部自分の中に一体化して存在することを述べました。

つまり、調停委員の価値観、感情（のメカニズム)、コミュニケーションの特徴、人間性等は、調停技術においてはすべてツールとなるのです。

そのため、調停委員自身の価値観や感情(のメカニズム)、コミュニケーションの特徴、人間性等、“ありのままの自分”について自分で認識ができていないと、自分でも自覚することなしに、当事者に対して偏った対応の仕方をしたり、問題のある接し方をしてしまいやすいのです。

ソーシャルワークでは、自分自身を客観的にみつめることができる力を「自己覚知」と呼び、ソーシャルワーカーにとって不可欠のものとされています。

具体的には、「自分はいったいどのような考え方をしがちか、どのタイプのクライアントには共感しやすく、逆にどのようなタイプのクライアントには苛立ちを覚えがちなのか……」等、援助者のもつ特徴がクライエントとの関係にも関係してくるため、「効果的な援助のためには、援助職者が自分自身の感情や態度を認識しておくことが必要」とされています[68]。

そして、自己覚知することによって、当事者の話を自分の価値観で勝手に判断したり、自分の価値観を当事者に押しつけたりすることがなくなり、話を客観的に受け止めることができるようになるとされています。

また、適切な基準や根拠に基づく論理的で偏りのない思考である「クリティカルシンキング」においても、「われわれが道徳的な行動や、自分なりの価値基準に沿った一貫した行動や、目標追及のための効率的な行動をとるためには、自分自身を客観的に見ることがどうしても必要」とし、「古代ギリシャの格言にもあるように、われわれは何よりもまず、『自らを知る』ことが大事である。（中略）しかし、それは実際には容易なことではない」と説明しています[80]。

したがって、当事者を理解する前にまず、自分自身の価値観や感情やコミュニケーションの特徴等を知ることが必要になります。では、どうすれば自己覚知ができるのでしょうか。

調停委員の研修会に招かれて講演をする際、私は調停委員の方々に、「『自分のコミュニケーションの癖』について周囲の方々（家族や職場の同僚等）に尋ねて、メモしてきてください」とお願いするようにしています。

このやり方は、私がソーシャルワークを学んだ福祉専門学校で、「自分のコミュニケーションの癖」を知る方法として担当教師から教えられたものです。

そのため、私自身も「自分のコミュニケーションの癖」を知るため、家族に尋ねたことがありました。そのとき、家族が述べた「私のコミュニケーションの癖」は、次のようなものでした。

・話すことがわかりづらい。

・話に主語がない。「何のこと」と聞かれる。

・人の言うことを聞かない。

・人の意見を聞かない。

・話を聞いているのか、聞いていないのか、わからない。

私自身はそのような認識はまったくなかったので、家族の説明にはかなりショックを受けました。

私の例をみてもわかるように、自分のコミュニケーションの特徴や癖については、自分で思っているのと周囲がみているのとでは、かなり違っています。

ちなみに、ここにおける「自分のコミュニケーションの癖」とは、「人と関わるときのスタンス」を意味するとされています。お互いの「人間性」対「人間性」の有り様が、「コミュニケーションの癖」となって―つまり、人とかかわるときのスタンスとなって、現れてくるとされています。

ですから、「こうなるときはこうなる」と、自分の癖や傾向について、自分でもよく知っておくこと（「自己覚知」）が必要になります。

### ⑵　相方調停委員とのチームプレイ

家事調停は、裁判官（家事調停官）と複数の調停委員とで構成する調停委員会が行いますが、裁判官は適宜出席が多く、多くの場合、家事調停は男女各１名の調停委員が進めています。

一つの調停事件を担当する調停委員の人選は、家庭裁判所が各調停委員の専門性や得意分野あるいは個性や持ち味等を踏まえ、最適な組合せを考えながらペアを組んでいきます。

ほとんどの調停はそれで問題なく行われていますが、複数の調停委員がペアを組む以上、そこにはどうしても調停委員間のチームワークの問題が生じてきます。

高野耕一元判事は、論稿「べからず10条、べし３条――『調停委員としてのプロ』を目指して――」の中で、べからず10条の一つに「相委員を無視するべからず」を掲げ、「これは、調停委員会を構成する調停委員の二人の組合せが、熟練者と新参者とか、弁護士などの専門家と非専門家とかといった場合が比較的多いため、自戒とも警告ともいうべきもの」とする一方、「実際は、経験の多寡や専門知識の有無などによって、調停委員二人の合議体つまり二人制合議体は、十分機能しない弱点を持ってい」ると述べています[102]。

では、なぜ調停委員間でチームワークがうまくいかないのでしょうか。高野耕一元判事が述べるように、それは経験の多寡や専門知識の有無等の違いからくるのでしょうか。

それも確かにあるでしょう。しかし、私はそれだけではなく、そこにはまた別の問題があるように思います。

調停委員間の連携やチームプレイの問題は、家事調停では隠れた大きな問題であるように思います。では、なぜ調停委員間でチームワークをうまくとることができないのでしょうか。

### ⑶　チームプレイヤーの条件

家事調停は、裁判官（家事調停官）を含む場合と含まない場合とがありますが、基本的にはチームプレイで行われています。

チームとは一般に、①共通あるいは共有の目標をもっている、②相互依存的な協働を行っている、③小集団である、④チームの存続期間は限定されている、ことが特徴とされています。

そして、チームアプローチを適切に行うためには、チームコンピテンシーが求められます。コンピテンシーとは、「特定の業務を遂行し、高い水準の業績を上げることのできる個人の行動特性」を言います[103]。

ソーシャルワークにおいては、チームコンピテンシーには三つの要件があるとされており、三つとは、①知識（knowledge）、②技術（skills）、③態度（attitudes）です。

そして、チームアプローチを適切に行うには、優れたチームプレーヤーである必要があり、優れたチームプレーヤーとなるには、チームコンピテンシーを習得する必要があると考えられています[104]。ですから、チームコンピテンシーに差があると、連携や協働はできにくくなります。

たとえば、A調停委員は向上心があり、勉強熱心であるとします。一方、

B調停委員は研修にもあまり出てこず、向上心もあまり感じられないとします。このようなA調停委員とB調停委員がもしペアを組むことになった場合、そこではチームコンピテンシーに差があるので、各々の調停委員が目指すものや調停技法において違いが生じ、連携や協働がうまくいかないのです。

調停委員間でチームワークやチームアプローチがうまくいくためには、共通の目標や基盤をもち、目標に向かって同じ方向を向いて、協働してアプローチしていくことが必要ですが、チームコンピテンシーに差があると、そこに落差や方向性に違いが生じてうまくいかないのです。

そのようなことがないようにするには、チームコンピテンシーを習得する必要があります。そして、その共通基盤となるのが、先に述べた「専門性をもつ自己になる」ことなのです。

### ⑷　チームワークとチームアプローチ

家事調停では、裁判官（家事調停官）、調停委員、書記官、家庭裁判所調査官、事務官等が、チームを組んで調停事件にかかわっていきます。ですから、家事調停においても、そこではチームワークやチームアプローチというものが求められてきます。

ソーシャルワークでは、チームワークとは、「ある集団（チーム）が共通の目標を達成するために個々の構成員が相互に連携・協力しながら取り組むことをいう」とされています。

また、利用者の生活に根ざした援助を行ったり、利用者の生活全体を効果的に支援する方法としてはチームアプローチが重要で、「チームアプローチを行う際には、利用者に関わる職種間の援助目標や計画の共有、および援助活動の展開における協力体制が不可欠で」、「チームによる援助活動には、成員相互の信頼関係、および利用者の問題解決に向けた各構成員の役割分担と責任ある遂行に基づく、援助チーム全体としてのまとまりが求められる」としています[57]。

また、多職種チームワークでは、以下のようなメリットがあるとされています[20]。

①　総合的な視点から目標と優勢順位を決定できる。

②　総合的な視点からアセスメント、介入、評価ができる。

③　秩序あるかかわりができる。

④　専門職間あるいは当事者との間で幅広い技術が共有できる。

⑤　チームで努力することによりケアの質の向上を図ることができる。

⑥　記録の一体化、効率化を図ることができる。

⑦　当事者の積極的参加を促すことができる。

また、効果的な多職種チームワークを実現するためには、チームメンバーの相互理解、受容、価値づけ、尊敬の念が欠かせないとされ、「相互に信頼し、コミュニケーションをとるとともに、互いに評価し合うことで不足した部分を補い合うかかわりにより、当事者主体のチームワークが可能になる」と説明されています[20]。

家事調停でもチームワークやチームアプローチが志向されていますが、チームワークやチームアプローチに関してはソーシャルワークのほうが先駆者ですので、それらを参考にするとよいように思います。

# Ⅳ　調停技術の学習法

## 1　調停技術の学び方

調停技術は、どのように学んでいけばよいのでしょうか。ここでは、調停担当者が学ぶ際の留意点について述べたいと思います。

### (1)　自己啓発継続の三角形

関岡直樹元家事調停委員の学習の仕方や考え方は、調停技術を学ぶ者にとっては参考になるものと思われるので、ここで紹介します。

関岡氏は大手電機メーカーで長らく人事教育業務に従事された後、平成11年10月から平成21年９月まで水戸家庭裁判所の家事調停委員を務め、夫婦関係調整（離婚）事件を中心に多くの家事調停事件を担当しました。

関岡氏は、家事調停において足りない事柄について考え、自ら学ぶとともに、学んだ事柄を「夫婦関係調整事件を主とした　家事調停の進め方のヒント集」(2005、未発表、40頁)、「家事調停における『人間関係調整機能』をより良く発揮するための　家事調停委員の自己啓発・相互啓発」(2007、未発表、30頁)、「グループ討議用『シート』による家事調停：人間関係調整マップ」(2009、未発表、73頁）という三つの論稿を冊子にまとめていますが、その冊子を作成する過程で、自己啓発についても考えを及ばせています。

私はたまたま関岡氏と会う機会があり、関岡氏が拙著『こころを読む　実践家事調停学』を読まれていた関係で、これらの冊子を関岡氏から直接いただくことができました。

それをみると、調停委員が自己啓発を続けるには、①問題意識、②インプット、③アウトプットの三つを意識するのがよいと述べ、自己啓発が継続しやすい三角形というものを考え、また、「調停委員をするということは、生涯学習の課題を持ち、この三角形を回し続けることだ」と述べています[74]。

ここでは、最初に問題意識をもち、そのことについていろいろと学んだり調べたりし、次にそれをアウトプットしていくことで、自己啓発や能力の再構築が図られるとしています。

**〈図表42〉　自己啓発継続の三角形**

関岡直樹「グループ討議用『シート』による家事調停：人間関係調整マップ」（2009、未発表）16頁から引用

### ⑵　学習の入口

では、関岡氏はどのように問題意識をもち、そこから何をインプットし、また、どうアウトプットにつなげていったのでしょうか。

関岡氏は大手民間企業で人事教育関係に長らくタッチしていた方ですが、そこでの癖として、「私は他人の悩みや不満を聞くと、事実を正確に把握するとともに、役立つことをアドバイスしようとする。メーカーで人事教育業務の経験が長い者だが、そこで培ったのがこの傾向だった」と、まず自分自身について気づいたといいます。

そして、調停委員になってから産業カウンセラーの資格をとるための勉強をする中で、カウンセリングではクライエントに寄り添う傾聴が求められること、一方、「私は話を聞きながら内なるコミュニケーションを多用し」、「その分クライエントの話を聞いていない」ことに初めて気づいたといいます[74]。

また、関岡氏はコミュニケーションの六スキル（書く、読む、話す、聞く、描く、見る）のうち、調停では「話す、聞く」が多用されているが、それらはほとんど訓練をされないまま、社会生活での経験を通して身に付けてきているが、「経験で身につけてきたスキルは長所もあるが短所もあると考えるべきだ」と、経験に頼ることの問題点に気づいたといいます。

このようにして関岡氏はまず自分自身について「気づき」、次にそのことを自分の問題として強く認識し、それを克服するためいろいろと学んでいくのですが、自己学習あるいは向上に向けた動きの第一歩は、この自分自身についての「気づき」とそれを克服するための「問題意識」ということになるでしょう。

ところで、心理臨床家の村瀬嘉代子大正大学名誉教授は、臨床的な態度に関する説明の中で、まず何事もよく観察し、小さなことでも見落とさないこと、気づくことが必要で、何かおや？ と気づくと、人は自分の中にある知識と経験を照合して、わかることとわからないことに分けて考えていくこと、大切なことは、わからないという不確定なところを抱えて、これについてじっと考え、わからないことをクリアーにするために文献にあたる、先輩、同僚とのカンファレンスを行う、指導を受けるというような営みをすることが重要で、臨床で求められることは、このわからないことを曖昧にせず、しっかり課題として抱え続け、不確定な状況に耐えて観察し考え続ける、そういう力をもつことが大切であると述べています[105]。

「気づき」や「課題」というのは、その人自身のものです。自分の「気づき」や「課題」をもち、それを大事に育てていくこと、これが学習における出発点であり、重要になるのです。

### ⑶　「インプット」と「アウトプット」

関岡氏は、アウトプットの必要性についても気づいています。関岡氏はコミュニケーションの六スキルを意識し、特に「書く」能力を向上したいと考えて関連する本を数冊読んでみたが、書く内容をもっていないことに気づいて愕然とし、以来機会があれば文章を書くようにしていたといいます[74]。

そして、自分用の備忘録としてまとめたのが、「夫婦関係調整事件を主とした　家事調停の進め方のヒント集」で、これは「自分なりに調停が現状よりも上手になりたい」と思うところから発していると述べています[106]。

関岡氏の学習の仕方をみると、「気づき」→「問題意識」→「インプット」→「アウトプット」の「自己啓発継続の三角形」が回り続けていることがわかります。

また、「書く」というアウトプット作業を取り入れたことで、関岡氏の学習密度は濃いものとなり、学習の方向性も定まっていったものと考えられます。

学習を考えていくうえで、「書く」という作業は大切なものになります。ハーバード流交渉術では、交渉から学んだこと、考えたこと、自分自身の成功や失敗、そして交渉相手のスキルや間違いなどから学んだことを書き留めておき、「学んだ教訓を文章化することによって、脳は情報を蓄え易くなり、すぐに使えるようになる。交渉に関するアイディアは、使えば使うほど、自分のものとなる」と説明しています[13]。

私の場合も関岡氏と同じように、まず問題意識をもち、わからない事柄を調べたり、学び（＝インプット）、自分の頭で考え、そこから情報発信を行い（＝アウトプット）、「自己啓発継続の三角形」を回し続けてきました。

この学習の継続によって、実務面でも、また学術的な面でも、私はかなり飛躍することができたように思います。

## 2　調停のプロを目指して

### (1)　「ウィズダム」「リソース」「スキル」

技術を考える場合、技術はそれだけが独立して存在しているわけではなく、知識（ウィズダム）や資源（リソース）といったものとも深く関係しています。

1990年代に西欧の人材教育について調査した電通総研プロデューサー（当時）の本庄美佳氏によると、国際的に通用するエグゼクティブの育成と目標達成において必要とされる教育においては、「プラグマティック－アカデミック」軸と「スキル－ウィズダム」軸により、「ビジネス・スキル」「ビジネス・ウィズダム」「スキル・リソース」「ウィズダム・リソース」の四つの

**〈図表43〉　エグゼクティブ・エデュケーションで扱う領域**

よりプラグマティック

| ビジネス・スキル | ビジネス・ウィズダム |
|---|---|
| ・企業経営に必要なスキル。現在志向。<br>・現在の企業経営に実践的、直接的に必要なスキル<br>・ファイナンス、マーケティングなど、経営の基本分野における「ファンクショナル・スキル」と「リーダーシップ」「異文化コミュニケーション」など、対人関係やコミュニケーションに関わる「コミュニケーション・スキル」とに分かれる。 | ・企業経営に必要な知恵。未来志向。<br>・先端的な経営課題に柔軟に対応するための洞察的な知恵。<br>・現在の日本においては、「企業倫理」「企業の社会的責任」「企業の異文化対応」などのテーマが考えられる。 |
| **スキル・リソース** | **ウィズダム・リソース** |
| ・経済活動の様々な側面を理論化、モデル化する伝統的な学問領域。過去志向。<br>・「マクロ経済学」「ミクロ経済学」「金融財政論」「統計学」など、企業活動を説明する背景。 | ・過去、現在、未来にわたる人間研究の学問領域<br>・「哲学」「歴史学」「文化人類学」など。<br>・本来、個々人の私的な知的営みの対象であるが、エグゼクティブとしての人格陶冶の側面としても扱われる。 |

よりスキル志向（左）　　よりウィズダム志向（右）

よりアカデミック

本庄美佳「エグゼクティブ・エヂュケーションにおける異文化教育」現代のエスプリ299号「国際化と異文化教育――日本における実践と課題」（至文堂、1992）178頁より引用

教育領域に分けられるとしています（〈図表43〉参照）[107]。

調停技術も、一つのビジネス・スキルといえます。ですから、それらはビジネス・ウィズダムやスキル・リソースあるいはウィズダム・リソースといったものとも関係しています。

したがって、より高いレベルの調停技術を身に付けていこうと考える場合には、単に調停スキルだけを学ぶのではなく、アカデミックなウィズダム・

リソースやビジネス・ウィズダムまで含め、幅広く学んでいくことが必要になります。

### ⑵　専門的自己

調停技術を学ぶには、学習の方法論をもち、目標を定め、必要な知識や技術を身に付けていくことが大切になります。

私の考えでは、「調停のプロ」になる一番の近道は、「専門性をもつ調停委員になる」ことです。そのためには、価値、知識、技術について、理論面と技術面の両方から同時に学んでいくとよいように思います。

私は平成27年２月13日に京都家事調停協会の研修会で講演をしましたが、その際には〈図表44〉のような図式を使いながら、家事調停の価値、知識、技術・方法について説明を行いました。

このような学習の設計図があると、「なぜ学ぶのか」、「何を学ぶのか」、「学んだ結果どうなるのか」といったことが自分でも理解することができ、学習の回り道をしなくても済むように思います。

**〈図表44〉　家事調停の価値、知識、技術・方法**

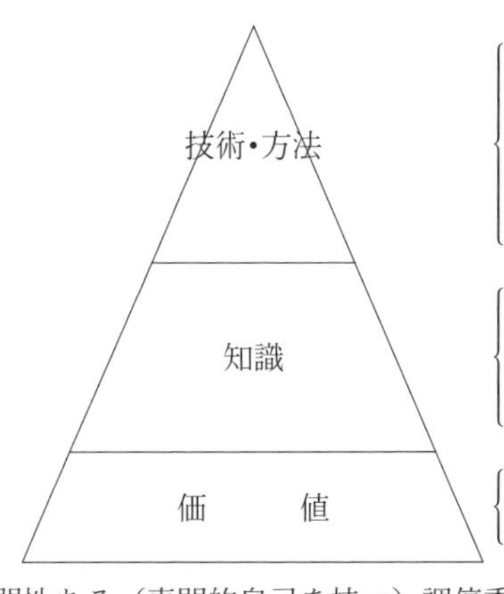


当事者との向き合い方、当事者理解
当事者援助の方法
傾聴の仕方、傾聴の実技
人間関係調整の方法
自己理解の仕方

家族の特徴・当事者の心理と理解
家事調停の枠組み・機能と特徴
傾聴の方法・アクティブリスニング
自己理解・チームプレイ・学習方法

人間の尊厳の尊重
社会正義、専門的自己

専門性ある（専門的自己を持つ）調停委員

著者の京都家事調停協会自主研修会での講演資料より

### (3)　経験学習

アメリカの教育思想家でプラグマティズムの祖ジョン・デューイは、「真実の教育はすべて経験から生まれる」と述べ、学習の起源を、経験とそれを対象とした反省的思考に求めています。

家事調停においても、経験学習は重要なものになります。最初は、誰も家事調停の経験がありません。また、任命された当初こそ裁判所が主催する初任者研修を受けますが、その後は、調停委員自身が自主的に必要な知識や技術を身に付けていく必要があります。

ところで、組織行動学者デービッド・コルブは、「経験学習モデル」というものを提唱しています。コルブにとって、「学習とは知識を受動的に覚えることではなく、自らの経験から独自の知見（マイセオリー）を紡ぎだすこと」とし、このような学習観に基づいて、「実践・経験・省察・概念化」という四ステージからなる「経験学習モデル」というものを提唱しています。経験学習モデルとは、〈図表45〉のようなサイクルです[108]。

「経験学習モデル」では、「経験－省察－概念化－実践」のサイクルについて、次のように説明しています。

〈図表45〉　経験学習モデル

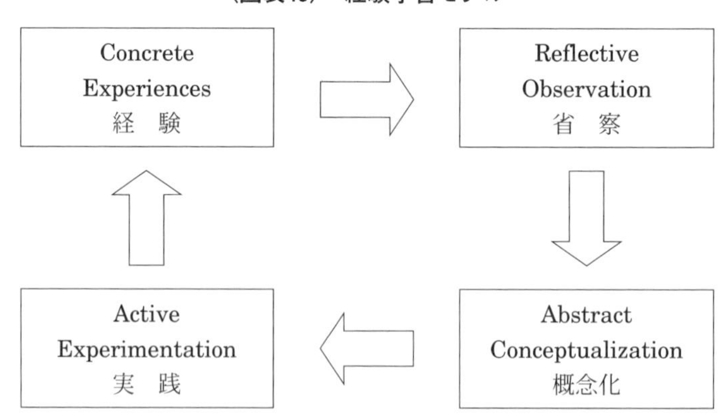


Kolb（1984）；中原淳編著『企業内人材育成入門』（ダイヤモンド社、2006）84頁から引用

【実践のステージ】　学習者は、現場においてさまざまな状況に直面する。そして、即興的な対応策を用いながら、それらの状況を乗り越えていく。

【経験のステージ】　実践体験の中で、学習者はその後の活動に役立つようなエピソード的経験（成功体験、失敗体験）を積んでいく。

【省察のステージ】　現場の状況に埋め込まれているので、学習者は、「自分にとって何が役立つ経験か」をまだ抽出できていない。そこで、実践体験を振り返り、その後の活動に役立つと思われるエピソードを抽出することが必要になる。

【概念化のステージ】　抽出したエピソードについて検討を進め、学習者はその後の活動に役立つ独自の知見（マイセオリー）を紡ぎだす。ただし、これらは普遍的な理論である必要はない。重要なのは、マイセオリーを学習者が自ら構築することにある。

そして、このプロセスで得られたマイセオリーを、新たな【実践のステージ】で活用し、実践・経験・省察・概念化の終わりなきサイクルを繰り返していくことが、「学習」とされています[108]。

ハーバード流交渉術では、「過去の経験から学ぶ、経験から何かを学び取らないかぎり、経験自体にはほとんど価値がない」と述べていますが[13]、これも同じような意味に理解できます。

また、失敗学を提唱している畑村洋太郎東京大学名誉教授は、「正しいやり方（陽の世界）だけを示すやり方では、学ぶ人が『ここに書かれていることをやればいいんだ』と思うようになり、何も考えなくなって形骸化が始まること、正しいやり方から外れたときにどんなことが起きるのか（陰の世界）まで書いてあると、立体的な見方ができ、その技術への理解が深まったり、技術の全体像や立体像を自分で作ることができるようになる」と述べ[109]、「一度経験した失敗を本当に自分の中に取り込むと、『真の科学的理解』が得られ、『真の科学的理解』に到達すると、二度と失敗しないのはもちろん、頭のエネルギー消費を最小限におさえて処理することができるようになる」と述べています[110]。これも、経験学習の一面について述べたものといえます。

したがって、調停で求められまた必要となる技術を身に付けていくには、経験を重ねながら、技術を一つひとつ自分のものにし、独自の知見（マイセオリー）を紡ぎだすしか方法はありません。

他人のやり方の真似や模倣だけでは、自分の調停技術はいつまでたっても確立することができません。

### ⑷　自分の技術を創る

家事調停において自分が使える技術は、「自分流しかない」と私は思っています。達人のやり方をいくら真似しようとしても、結局はうまくいきません。

調停技術では、自分自身（価値観）がツールなのですから、自分とは違う他人（ツール）のやり方をいくら取り入れようとしても、うまくいかないのは当たり前なのです。

反対に、自分にベースをおき、他人のやり方を参考にするという姿勢で学んでいくと、自分との共通点や違いがよくわかり、共通している自分のやり方に対しては自信が生まれ、自分の技術を早く確立することができます。

これは、勉強法においても同じです。自分の勉強の仕方を基本におき、他人の勉強法は参考にするようにすると、自分のやり方との共通点がよくわかり、共通する部分は自分のやり方がある意味正しいわけですから、自分の勉強法が客観的に評価でき、次第にしっかりした自分流の勉強法がつくられていきます。

このように勉強においても調停技術においても、学習を考えていく場合には、あくまでも自分を中心におかないと、自分流のやり方はなかなか確立していきません。

## 【付録１】 人事調停――家事調停に至る道

家事調停は、人事調停から始まりました。そこで、ここでは、人事調停の歴史を少し振り返ってみたいと思います。

人事調停は「民法ノ規定中我邦古来ノ淳風美俗ニ副ハサルモノアリ」として、その改正のため、大正８年に内閣に設置された臨時法制審議会の中間答申（「道義ニ本キ温情ヲ以テ家庭ニ関スル事項を解決スル為特別ノ制度ヲ設クルコト」）をもとに、大正14年に家事審判所をつくるべきであるという建議がなされ、それを踏まえて家事審判法案が昭和２年に仮決定されたところに始まります。

臨時法制審議会は一方で、大正14年に「民法親族編改正要綱」、昭和２年には「民法相続編改正要綱」を決議しましたが、改正作業は遅々として進みませんでした[8]。

折りしも、戦時中で軍事扶助料の配分に関して争いが多くあり、「今日ノ非常時局ニ際會致シマシテ、家庭ニ関スル紛争ノ円満ナル解決ヲ、調停ノ方法ニ依ツテ解決スル途ヲ開キマスコトハ、正ニ焦眉ノ急務トナツテ参ツタノデアリ、人事調停ノセイドハ急速ニコレヲ確立スベキモノト認ム」とされ[111]、家事審判法案の中の一部の調停だけが、人事調停法として昭和14年７月１日に施行されました。

そして、人事調停法においては、「調停ハ道義ニ基ヅキ温情ヲ以テ事件ヲ解決スルコトヲ以テ其ノ本旨トス」と定めました（人事調停法２条）。

人事調停委員の選任については、「帝國議會に於ける本法律案審議の際、人事調停委員の選任に付ては特に厳選の方針をもって臨むべき旨及此の調停委員中には婦人をも加ふべき旨、司法大臣及政府委員より言明せられ」[112]、婦人調停委員も選任されました。

昭和14年に東京民事地方裁判所に任命された人事調停委員312人の主な顔ぶれをみると、男性では、貴族院議員侯爵徳川頼貞、日本銀行総裁結城豊太郎、日本興業銀行総裁石井光雄、東京瓦斯株式会社社長井坂孝、大阪商船株

式会社社長村田省蔵、日清製粉株式会社社長正田貞一郎、大倉組頭取男爵大倉喜七郎、東武社長根津嘉一郎、第一生命保険相互会社社長石坂泰三、大日本製糖株式会社社長藤山愛一郎、弁護士岩田宙造、同有馬忠三郎、同木村篤太郎、元官吏三淵嘉彦、東京帝大教授穂積重遠、同清瀬一郎ら、当時の貴族院議員や華族、財界の巨頭、法曹界における錚々たる知名人らでした[113]。

また、最初に任命された婦人調停委員25名の顔ぶれは、東京区裁判所兼京橋出張所出務－井上秀子（日本女子大学校長）、岩崎ナオ（産婆）、羽仁もと子（自由学園長）、帆足みゆき（桜楓会）、小笠原嘉子（母性保護聯盟）、大浜英子（婦人同志会）、田中孝子（東京市結婚相談所主任）、竹内茂代（医学博士）、山田わか（母性保護聯盟委員長）、小口みち（美容師、婦人同志会）、小林珠子（大日本聯合母ノ会）、塩原　静（清和婦人会幹事長）、守谷　東（東京聯合婦人会）、麹町出張所出務－大妻コタカ（大妻高等女学校長）、川崎なつ（文化学院教授）、三輪田繁子（東京聯合婦人会）、芝出張所出務－徳永恕（二葉保育園）、嘉悦孝子（日本女子商業学校長）、山室民子（社会事業家）、下谷出張所出務－田中芳子（東京聯合婦人会）、柘植愛子（産婆）、上中八重野（婦人同士会）、本所出張所出務－吉見静江（方面委員）、田中もと子（あそか病院主事）、斯波安子（桜蔭会）らでした[114]。

ところで、婦人が調停に関与することは、当時においては革新的なことで冒険でした。その後、婦人調停委員は、昭和14年11月に14人、昭和15年に10人、昭和17年に１人、昭和19年に１人、昭和21年に１人、昭和22年に２人が選ばれ、人事調停時代に東京で婦人調停委員を任命された方は合計54人にのぼりました[115]。

そして、「当時、婦人は参政権もなく、法律的には無能力者であった。そのような婦人たちを、司法省は男子と同格の日当、同格の尊敬を払って婦人調停委員を迎えてくれたため、本人自身もまわりも名誉に感じていた」といいます[114]。

その後、人事調停は「司法省近来でのヒットだ」と称され，一般に好評をもって迎えられ、結果においても全国を通じて成立率はおおむね60パーセント前後を示して、制定の目的にそむかなかったといわれています[116]。

**〈図表46〉 人事調停、家事調停新受件数累年比較表**

| 年度（昭和） | 14 | 15 | 16 | 17 | 18 | 19 | 20 |
|---|---|---|---|---|---|---|---|
| 新受件数 | 5,222 | 6,902 | 5,491 | 4,920 | 4,549 | 3,736 | 2,271（推定） |

| 年度（昭和） | 21 | 22 | 23 | 24 | 25 | 26（上半） |
|---|---|---|---|---|---|---|
| 新受件数 | 3,851 | 4,866（推定） | 32,384 | 39,229 | 41,412 | 18,529 |

外山四郎「家事調停事件の動き」ケース研究11号1951、49頁より引用

## 【付録２】 実践家事調停学

私は家事調停に関していろいろと情報発信してきましたが、私が家事調停に実際にタッチしたのは、36年間の家庭裁判所調査官人生のうち４年間だけです。

### ⑴ 家事調停との出会い

家庭裁判所調査官になってから、私はほとんど少年係担当でした。私が家事調停に関与することになったのは、平成14年４月に水戸家庭裁判所下妻支部の内部異動で、少年係から家事係に移ったのがきっかけです。

私は家事事件の経験がなくて不安でしたが、当時下妻支部では調停委員の自主勉強会（昼休み勉強会）が盛んに行われており、私もいっしょに勉強を始めました。

水戸家庭裁判所下妻支部の自主勉強会については、拙著『こころを読む実践家事調停学〔改訂増補版〕』（民事法研究会）の中で詳しく述べています。

自主勉強会では、私は毎回レジュメを作成し、調停委員の方々にその日のテーマについて説明したり、調停委員の方々と意見交換やケース研究をしていました。

そのため、私は毎月本を読む必要があり、読んだ本の中からテーマを選び、それをレジュメにまとめて、勉強会でプレゼンテーションしました。

この自主勉強会において、家族に関する理解、当事者理解、ケースの分析法、コミュニケーション技術等さまざまなことを学び、また私自身も考えることができました。

そして、次第に読んだ本の数が増え、また自主勉強会のレジュメや資料がたまっていく中で、これをまとめようと考え、「家事調停委員の勉強法」というタイトルでまとめ始めました。平成14年12月のことです。

執筆作業は平成15年５月頃までかかりましたが、それがたまたま出版社の目に留まり、拙著『こころを読む　実践家事調停学』（民事法研究会、2004）が誕生しました。

### (2) 知識の獲得

調停でも何でも高いレベルで仕事をしようとする場合、ベースとなるのは知識であり、それを裏づけていく読書です。私の場合、通勤時間や出張の移動時間が主な読書時間でした。

ある時、１年間に何冊本を読んでいるのか自分でも気になり、本を読み終わると本の末尾に読了日を書き、書名や出版社、簡単な読後感等をパソコンでメモするようにしました。

そうやって記録した読書歴を見てみると、平成15年から平成23年までに私が読んだ本の数は、以下のようになりました。

平成15年＝56冊、平成16年＝70冊、平成17年＝46冊、平成18年＝60冊、平成19年＝50冊、平成20年＝55冊、平成21年＝54冊、平成22年＝59冊、平成23年＝45冊。

読んだ本の内容は、家族に関するもの、調停・ADRに関するもの、心理学関係のもの、論理的思考や文章の書き方等、さまざまです。

私は執筆をするようになってから、書籍は自分で買うようにしていましたので、書籍代も結構かかりました。

一方、あちこちの図書館にも足を運びました。たとえば、東京家庭裁判所勤務時代は、法務省赤レンガ館の地下にある法務省図書室に、昼休みによく出かけていました。

また、水戸家庭裁判所下妻支部に勤務していたときには、水戸家庭裁判所本庁で会議や研修があった際には、その真向かいにある県立図書館に足を運んでいました。

フランスの思想家フランシス・ベーコンは、勉学について、「読書は充実した人間をつくり、話すことは機転の利く人間をつくり、書くことは正確な人間をつくる」と述べています。

私は36年間の家庭裁判所調査官人生のうち、27年間を地方の家庭裁判所支部に勤務しましたが、読書を通じてたくさんの一流の人間に触れることができました。高いレベルで仕事をしたり、専門性を身に付けていくには、読書がどうしても必要になります。

哲学者鷲田小彌太氏は、「読書しないということは、全く自分の思考回路が、ワンパターン、『あ、い、う、え、お』ぐらいで終わって、非常につまらなくなります」、「読書は、私たちが持っている自分の思考回路とは違う、思考回路を経験するということなんです」と述べています[117]。

また、情報を発信し続けるには、常に新しい知識を補給していく必要があります。私の場合、１冊の著書を書くには100〜200冊程の書籍や論文をみたり、もう一度確認したりするのですが、このような作業を40歳代半ばから定年退職まで続けていました。

### ⑶　他の ADR の学習

私の研究の中心テーマは技術で、具体的には「事実の調査技術」と「調停技術」です。私はこれらの技術をできるだけ高めたいと考え、研究と執筆活動をしてきました。

『こころを読む　実践家事調停学』を執筆する中で、家事調停の技術について書かれた書籍がほとんどないことを私は知りました。そこで、他の ADR や調停技法についても学ぶ必要性を感じました。私が学んだのは、以下のようなものです。

○自主交渉援助型調停

『ブルックリンの調停者』『調停ガイドブック』『調停者ハンドブック』（レビン小林久子著）、『調停のプロセス』『紛争管理論』（レビン小林久子訳編）、『交渉とミディエーション』『コンフリクト・マネジメント入門』（鈴木有香著）、『医療メディエーション』『医療コンフリクト・マネジメント』（和田仁孝＝中西淑美著）。

○ハーバード流交渉術

『ハーバード流交渉術』（フィッシャー＆ユーリー著）『ハーバード流"NO"と言わせない交渉術』（W・ユーリー著）『新ハーバード流交渉術』（ロジャー・フィッシャー＝ダニエル・シャピロ著）

○親業、教師学

『親業』『ゴードン博士の人間関係をよくする本』『T・E・T教師学』（トマス・ゴードン著）、『教師学入門』（土岐圭子著）、『先生のための　やさしい教師学による対応法』（近藤千恵監修）

○傾聴・アクティブリスニング

『思いやりの人間関係スキル』（ネルソン・R＝ジョーンズ著）、『ケースワークの原則（新訳改訂版）』（F・P・バイスティック著）、『心の対話者』『愛と癒しのコミュニオン』（鈴木秀子著）、『はじめての医療面接』（齋藤清二著）、『コーチングの技術』『子どもの心のコーチング』（菅原裕子著）、『アサーショントレーニング』『アサーション入門』（平木典子著）、『アサーティブ－「自己主張」の技術』（大串亜由美著）

私は文献で学ぶだけでなく、研究会や研修会にも出たりしていました。たとえば、入江秀晃九州大学准教授が平成21年に「調停人養成講座実践中級編」の研修会を行った際には、私も招かれていっしょに学びました。

また、平成21年から22年にかけて東京・霞が関の弁護士会館の会議室で、毎月調停技法研究会が開かれましたが、そこにも参加させていただきました。

また、親業や教師学の普及と指導者養成を行っている親業訓練協会とは、東京家庭裁判所に勤務していた時からのおつき合いで、私は毎年夏に東京で開かれる「教師学事例研究発表会」に自費で参加し、そこで教師学の取組みを肌で学ばせてもらっています。

また、他の世界もみてみたいと考え、平成19年には発足間もない仲裁ADR法学会に入り、学会大会にも参加するようにしました。

仲裁ADR法学会には、日本の主だったADR研究者や実務家が入っています。私は学会誌に論文を発表したり、学術大会で個別報告をしたりする中で、稲田龍樹学習院大学法科大学院教授や梶村太市常葉大学教授（弁護士）等の元裁判官の方々とも面識をもちました。

また、ADRの第一線で活躍されている実務家や研究者の方々とも、たくさん知り合うことができました。

ADRの分野は、今後発展していくことが期待されます。そして、この分野は学問的にも若く研究者も多くはないので、私の経験や知識が生かせる余地があるものと考えています。

#### ⑷ 情報の発信

私は平成16年に、49歳のときに最初の著書『こころを読む　実践家事調停学』を出版しました。無名だった私が、最初の著作をたいした苦労もせずに発刊できたことは、ほんとうにラッキーでした。

その後、続けて書いた著書『虐待親への接近－家裁調査官の目と技法』と論稿「現代型家事調停事件の性格と家事調停の課題㊤㊥㊦－家裁調査官による『実践的家事調停論』」（判例時報1927、1929、1930号）もすんなりと出版社が決まり、著作を次々に発表することができたことはほんとうに恵まれていました。

私にとって幸いだったのは、最初に著書を出版できたことです。1冊本を書くには、論文でいえば4～5本書くのと同程度の時間とエネルギーと体力と気力が求められます。

著書に比べれば、論文1本を書くのに要する時間やエネルギー等はたいしたものではありません。そのため、その後私は論文の執筆がまったく苦にならなくなりました。

そして、私は次第に自分に情報発信力（執筆能力）がついているのがわかりました。たとえば、少年調査票の書き方についてまとめた論稿「『簡潔』で『わかりやすい』調査票の作成の仕方」（家調協フォーラム274号）は、原稿用紙30枚の分量を、週末の土日2日間だけで書き終えました。ちなみに、本書も2カ月弱で書き終えました。

そのため、私は「自分の限界に挑戦してみよう」と考え、毎年最低一つ論文または著書を発表することをこころに決め、家庭裁判所調査官時代も現在もそれを実行しています。

このようにして私は情報発信を続けましたが、私の著作物は下記のとおりです。☆印は、私が家庭裁判所調査官の第1号だったものです。

このうち、戸籍時報696号特別増刊号の際には、『要件事実マニュアル』で著名な岡口基一判事が、「法律雑誌をひとりの家裁調査官が独占したのは初めてでは……」とツイッターでコメントしてくれました。

○平成16年

『こころを読む実践家事調停学－当事者の納得に向けての戦略的調停』（民事法研究会）

○平成17年

『虐待親への接近－家裁調査官の目と技法』（民事法研究会）

○平成18年

☆「現代型家事調停事件の性格と家事調停の課題㊤㊥㊦－家裁調査官による『実践的家事調停論』」判例時報1927、1929、1930号

○平成19年

なし。

○平成20年

『こころを読む実践家事調停学〔改訂増補版〕－当事者の納得に向けての戦略的調停』（民事法研究会）

○平成21年

『こころをつかむ臨床家事調停学－当事者の視点に立った家事調停の技法』（民事法研究会）

「『簡潔』で『わかりやすい』調査票の作成の仕方」全国家庭裁判所調査官研究協議会「家調協フォーラム」274号

○平成22年

「家裁の調査面接における『事実をとらえていく技術』」日本司法福祉学会「司法福祉学研究」第10巻

○平成23年

☆「アクティブ・リスニングとはどういうものか－自主交渉援助型調停の背景にあるもの」仲裁ADR法学会「仲裁とADR」Vol.6

○平成24年

『ケースで学ぶ家事・少年事件の事実をとらえる技術－家裁調査官の事実

解明スキル』（民事法研究会）

☆「調停技術の学び方－私のメタ調停技術論(1)〜(5)」日本商事仲裁協会「JCA ジャーナル」59巻 6 号から10号

「『三段跳び箱』というツールによる事実確認と問題行動の理解」「月刊学校教育相談」第26巻13号（ほんの森出版）

○平成25年

☆「『家事調停論再考』－家事調停の解決構造とその特徴」戸籍時報696号特別増刊号（日本加除出版）

○平成26年

「家事調停の解決構造とその特徴－自主交渉援助型調停との比較の視点から」仲裁 ADR 法学会「仲裁と ADR」Vol. 9

著書は「社会的に通用する名刺」といわれています。会社や役所での肩書や役職は、その人がそこを離れればとれてしまいます。しかし、著書はその人の分身であり、専門書は国会図書館や大学図書館や公共図書館等に保管され、後進の方々のお役に立つことができます。

さらに、執筆活動の副産物として、知識が自分の引出しの中に整理されて収まり、必要なときにはいつでも取り出すことができ、また新たな知識に出会うと、新たな引出しがつくられて整理されていきます。

その結果、知識は断片的な寄せ集めではなく、相互に関連性をもったものになり、自分用に整理され、知識の管理が非常にしやすくなります。

その意味で、現役時代に複数の著書をもつことができたのは、ほんとうに幸運でした。そして、その出発点が水戸家庭裁判所下妻支部での調停委員の方々との自主勉強会にあったことを思うとき、神様が私に学習の機会をプレゼントしてくれたのではないかと思っています。

私は地方の家庭裁判所支部で家庭裁判所調査官人生の 4 分の 3 を過ごしましたが、そこにおいて、「どこで仕事をするかが重要なのではなく、そこで何をするかが重要だ」ということを、身をもって感じることができました。

# おわりに

本書は、離婚調停で求められまた必要となる調停技術についてまとめた技術書です。家事調停は離婚調停に始まり、離婚調停に終わるといっても過言ではありません。ですから、離婚調停に習熟することは、すなわち家事調停に習熟することでもあります。

しかし、離婚調停においては、紛争の理解、当事者理解と対応、子の福祉や権利の擁護、解決の着地点等、どれをとっても悩ましい事柄が少なくなく、そこで求められる調停の技術もやさしいものではありません。

本書は、離婚調停を家事調停の中に位置づけたうえで、離婚調停で求められる技術を、エビデンスも示しながらわかりやすく説明しました。

そこでは、家事調停の基本要素（当事者、家事調停制度、調停機関）についての説明をまず行い、そこにおける調停技術を述べました。

また、離婚調停の技術を幅広くとらえて詳しく説明したほか、調停技術の習得にあたっては、技術を習い覚えるだけではとうてい技術は身に付かず、調停技術は調停担当者（主体）と技術とツール（価値観）が一体化して自分の中に存在するため、「専門的自己」を目指すことの必要性を述べました。

さらに、たしかな調停技術を身に付けていくには、根底に「価値」をもつことが必要で、その上に「知識」と「技術・方法」が乗る階層構造にしていく必要があり、このようにして「調停のプロ」―すなわち、「専門性をもつ自己」になることを説明しました。

本書では、離婚調停の技術について幅広い視点から取り上げています。また、本書では、当事者の心理や感情の機微にまで及んで調停技術を説明していますが、そこには家事調停のほか、自主交渉援助型調停、ハーバード流交渉術、コーチング、親業、親業の中の教師学、医療メディエーション、NLP（神経言語プログラミング）、マイクロカウンセリング、アクティブ・リスニング等、これまで私が学んできた事柄が含まれています。また、最近私が学んでいるソーシャルワークの理論や技法も、本書の中にたくさん取り入れています。

本書では、簡潔でわかりやすい記載に努めました。そのため、どの項目から読み始めても、「離婚調停の技術」を学ぶことができるようになっています。

本書が離婚調停担当者や家事事件に携わっておられる弁護士の方々、また、他のADRの実務家や離婚調停に興味をもたれている方々のご参考になることを願っています。そして、実際に、離婚調停の現場で活用されることを希望します。

最後に、本書を出版していただいた株式会社民事法研究会の田口信義社長と編集作業においてさまざまなご教示とご尽力をいただいた同社編集部の田中敦司さんには、あらためて深く感謝を申し上げます。

## 【引用文献】


［１］ Ｆ・Ｐ・バイスティック（尾崎新・福田俊子・原田和幸訳）『ケースワークの原則（改定新訳版）』誠信書房、2006

［２］ 家事部会「家事調停の理論と実際」調停時報86号、1980

［３］ 大阪家庭裁判所家事調停研究会「よりよい調停のために－家事調停委員に求められること－」家庭裁判月報61巻２号、2009

［４］ 最高裁判所事務総局『家事調停の手引』2012

［５］ 柳澤千昭「家事調停と民事調停との関係」加藤一郎＝岡垣学＝野田愛子編『家族法の理論と実務』別冊判例タイムズNo.８、1980

［６］ 梶村太市『離婚調停ガイドブック第４版』日本加除出版、2013

［７］ 裁判所職員総合研修所『家事事件手続法概説』2013

［８］ 北野俊光＝梶村太一編『家事・人訴事件の理論と実務』民事法研究会、2009

［９］ 高田昌宏「非訟手続における職権探知の審理構造－非訟事件手続法・家事事件手続法の制定を契機として－」法曹時報63巻11号、2011

［10］ 詫摩武俊＝依田明編『家族心理学』川島書店、1972

［11］ 森岡清美＝望月嵩『新しい家族社会学（四訂版）』培風館、1997

［12］ 宮本みち子＝清水新二『家族生活研究－家族の景色とその見方』放送大学教育振興会、2009

［13］ ロジャー・フィッシャー＝ダニエル・シャピロ（印南一路訳）『新ハーバード流交渉術』講談社、2006

［14］ W・ユーリー（斎藤精一郎訳）『ハーバード流 "NO" と言わせない交渉術』三笠書房、1995

［15］ 伊勢田哲治『哲学思考トレーニング』ちくま新書、2005

［16］ 鷲田小彌太『すぐに使える！ 哲学』PHP 研究所、2005

［17］ ネルソン・Ｒ＝ジョーンズ（相川充訳）『思いやりの人間関係スキル』誠信書房、1993

［18］ 社会福祉士養成講座編集委員会編集『相談援助の基盤と専門職（第２版）』中央法規出版、2010

［19］ 前田泰宏「心理療法実践における折衷的／統合的アプローチ」奈良大学紀要第33号、2004

［20］ 社会福祉士養成講座編集委員会編集『相談援助の理論と方法Ⅰ（第２版）』中央法規出版、2010

［21］ 平田洋子「退任にあたって」水戸家裁広報「梅の香」第12号、2000

［22］ 島津一郎「家事調停の問題点」ジュリスト489号、1971

[23]　梶村太市『新版家事事件法』日本加除出版、2013

[24]　日本調停協会連合会『五訂調停委員必携（家事）』日本調停協会連合会、2009

[25]　野田愛子『家庭裁判所制度抄論』西神田編集室、1985

[26]　厚生労働省雇用均等・児童家庭局家庭福祉課母子家庭等自立支援室「平成25年度母子家庭の母及び父子家庭の父の自立支援施策の実施状況」厚生労働省、2014

[27]　P・ノネ＝P・セルズニック（六本佳平訳）『法と社会の変動理論』岩波現代選書、1981

[28]　高野耕一「『調停再考－日本の民事調停・家事調停－』その後」判例時報1988号、2008

[29]　高野耕一「調停再考－日本の民事調停・家事調停」判例時報1948号、2007

[30]　今井勝「調停委員研修のあり方」調停時報179号、2011

[31]　畑村洋太郎『失敗を生かす仕事術』講談社現代新書、2002

[32]　稲田龍樹「控訴審からみた離婚事件の基本問題」判例タイムズ1282号、2009

[33]　東京家庭裁判所家庭事件等検討委員会「家事事件手続法下における『調停に代わる審判』の活用に向けて」ケース研究316号、2013

[34]　コリン・P・A・ジョーンズ『子ども連れ去り問題』平凡社新書、2011

[35]　高野耕一「家事調停の身形」自由と正義60巻12号、2009

[36]　フィッシャー＝ユーリー（金山宣夫・浅井和子訳）『ハーバード流交渉術』三笠書房、1990

[37]　河野清孝「心をつなぐ‐別席調停・同席調停論を超えて」ケース研究314号、2013

[38]　最高裁判所事務総局『調停読本』日本調停協会連合会、1954

[39]　ダニエル・M・ワイツ「米国における裁判外紛争解決（ADR）」2010．9.2.「日米ＡＤＲシンポジウム」での報告

[40]　入江秀晃『現代調停論－日米ＡＤＲの理論と現実』東京大学出版会、2013

[41]　㈳日本商事仲裁協会、日本仲裁人協会『調停人養成教材・基礎編（2006年度版）講師用』2006

[42]　リーラ・P・ラブ「調停人スキルの向上に向けて」2010．9.2.「日米ADRシンポジウム」での報告

[43]　トマス・ゴードン（奥沢良雄ほか訳）「T・E・T教師学」小学館、1985

[44]　近藤千恵監修『教師学入門』みくに出版、2006

[45]　鈴木有香『交渉とミディエーション』三修社、2004

[46]　和田仁孝＝中西淑美『医療コンフリクト・マネジメント』シーニュ、2005

[47] トマス・ゴードン（近藤千恵訳）『ゴードン博士の人間関係をよくする本』大和書房、2002
[48] レビン小林久子「調停トレーニングの勧め」「法律のひろば」2005.4月号、ぎょうせい、2005
[49] 富田寛「随想　感謝」ケース研究264号、2000
[50] 森良幸「惜春の頃に思う」ケース研究184号、1981
[51] 拙稿「家事調停委員の60年－その基本的性格と課題」未発表、2010
[52] 小山昇「家事調停委員はなにを期待されているか」ケース研究148号、1975
[53] 野田愛子「家事調停論のフィードバック」ケース研究219号、1989
[54] 社会福祉士養成講座編集委員会編集『現代社会と福祉（第３版）』中央法規出版、2013
[55] 阿川佐和子『聞く力』文春新書、2012
[56] E・K・ロス＝D・ケスラー（上野圭一訳）『ライフ・レッスン』角川文庫、2005
[57] 黒木保博＝山辺朗子＝倉石哲也編著『ソーシャルワーク』中央法規出版、2002
[58] 鈴木秀子『心の対話者』文春新書、2005
[59] 成田善弘『精神療法の第一歩』診療新社、1981
[60] 成田善弘『精神療法家の仕事　面接と面接者』金剛出版、2003
[61] 斎藤清二『はじめての医療面接－コミュニケーション技法とその学び方』医学書院、2000
[62] 信田さよ子『カウンセリングで何ができるか』大月書店、2007
[63] 松島直也『NLPのことがよくわかり使える本』明日香出版社、2013
[64] 菅原裕子『コーチングの技術』講談社現代新書、2003
[65] 鈴木秀子『愛と癒しのコミュニオン』文春新書、1999
[66] トマス・ゴードン（近藤千恵訳）『親業』大和書房、1998
[67] 福原眞知子監修『マイクロカウンセリング技法－事例場面から学ぶ－』風間書房、2007
[68] 渡部律子『高齢者援助における相談面接の理論と実際（第２版）』医歯薬出版、2011
[69] 畑山俊博編集代表『感情心理学パースペクティブズ』北大路書房、2005
[70] 升田純＝関根眞一『モンスタークレーマー対策の実務と法』民事法研究会、2009
[71] 石黒圭『文章は接続詞で決まる』光文社新書、2008
[72] ウィリアム・R・ミラー＝ステファン・ロルニック（松島義博・後藤恵訳）

『動機づけ面接法』星和書店、2007
[73] 新田慶「家庭裁判所におけるカウンセリングの位置づけと効用」加藤一郎＝岡垣学＝野田愛子編『家族法の理論と実務』別冊判例タイムズNo.8、1980
[74] 関岡直樹「グループ討議用『シート』による家事調停;人間関係調整マップ」2009、未発表
[75] マシュー・マッケイ＝ピーター・D・ロジャーズ＝ジュディス・マッケイ（榊原洋一・小野次朗監修）『怒りのセルフコントロール』明石書店、2011
[76] 湧水理恵「家族のコミュニケーションを促進して困難を乗り越える力をつける」「保健の科学」第54巻9号、杏林書院、2012
[77] 浦川加代子「ストレスに強くなるための労働者のメンタル・トレーニング（心理教育）」「保健の科学」第54巻第4号、杏林書院、2012
[78] 山崎喜比古＝戸ケ里泰典＝坂野純子『ストレス対処能力SOC』有信堂、2008
[79] 牧野昇『知的生産の方法』新潮文庫、1985
[80] E・B・ゼックミスタ＝J・E・ジョンソン（宮元博章他訳）『クリティカルシンキング入門篇』北大路書房、1996
[81] 家庭裁判所調査官研修所『家庭事件調査実務入門（三訂版）』家庭裁判所調査官研修所、1990
[82] 山鳥重『「わかる」とはどういうことか』ちくま新書、2002
[83] 棚瀬孝雄「医療事故と医療訴訟の間」仲裁ADR法学会「仲裁とADR」Vol. 4商事法務、2009
[84] 諸星裕『プロ交渉人－世界は「交渉」で動く』集英社新書、2007
[85] 秋武憲一『家事調停の現在と今後－東京家裁及び仙台家裁における実践を通じて－』戸籍時報670号特別増刊号、2011
[86] 福澤一吉『議論のレッスン』NHK生活人新書、2002
[87] M・ウェーバー（清水幾太郎訳）『社会学の根本概念』岩波書店、1972
[88] 鷲田小彌太『自分で考える技術』PHP文庫、1998
[89] 中原淳『職場学習論』東京大学出版会、2010
[90] 社会福祉士養成講座編集委員会編集『障害者に対する支援と障害者自立支援制度（第4版）』中央法規出版、2013
[91] 安梅勅江『エンパワメントのケア科学－当事者主体のチームワーク・ケアの技法』医歯薬出版、2004
[92] 吉田勇『対話促進型調停論の試み』成文堂、2011
[93] 細谷功『地頭力を鍛える　問題解決に活かす「フェルミ推定」』東洋経済新報社、2007

[94] 拙稿「現代型家事調停事件の性格と家事調停の課題(下)－家裁調査官による『実践的家事調停論』－」判例時報1930号、2006
[95] キャサリン・M・サンダース（白根美保子訳）『家族を亡くしたあなたに』ちくま文庫、2012
[96] 橋本治『日本の行く道』集英社新書、2007
[97] 家庭裁判月報26巻12号、1974
[98] 沼邊愛一「家事調停における家事調停委員と家庭裁判所調査官の役割」岡垣學＝野田愛子編『講座・実務家事審判法　1総論』日本評論社、1988
[99] レビン小林久子『調停者ハンドブック』信山社、1998
[100] 近藤千恵監修『先生のための　やさしい教師学による対応法』ほんの森出版、2000
[101] C．I．バーナード（山本保次郎・田杉競・飯野春樹訳）『新訳経営者の役割』ダイヤモンド社、1968
[102] 高野耕一「べからず10条、べし3条－『調停委員としてのプロ』を目指して－」ケース研究262号、1999
[103] JMAM コンピテンシー研究会編著『コンピテンシーラーニング』日本能率協会マネジメントセンター、2002
[104] 社会福祉士養成講座編集委員会編集『高齢者に対する支援と介護保険制度(第3版)』中央法規出版、2013
[105] 村瀬嘉代子他『心理臨床という営み』金剛出版、2006
[106] 関岡直樹「夫婦関係調整事件を主とした　家事調停の進め方のヒント集」2005、未発表
[107] 本庄美佳「エグゼクティブ・エヂュケーションにおける異文化教育」現代のエスプリ299号「国際化と異文化教育－日本における実践と課題」至文堂、1992
[108] 中原淳編著『企業内人材育成入門』ダイヤモンド社、2006
[109] 畑村洋太郎『組織を強くする　技術の伝え方』講談社現代新書、2006
[110] 畑村洋太郎『数に強くなる』岩波新書、2007
[111] 堀内節『家事審判制度の研究』中央大学出版部、1970
[112] 根本松男『人事調停法　附民法改正の重點』清水書店、1939
[113] 高木常七「随想・家庭裁判所」ケース研究113号、1969
[114] 「人事調停よもやま話」ケース研究56・57号合併号、1959
[115] 「座談会　婦人が初めて調停委員になった頃の思い出」ケース研究21号、1953

［116］　最高裁判所事務総局『わが国における調停制度の沿革』1972
［117］　鷲田小彌太『［自分の考え］整理法』PHP 文庫、1999

## 【著者略歴】


**飯 田 邦 男**（いいだ　くにお）

1953年　茨城県に生まれる

1978年　東京教育大学（現筑波大学）教育学部卒業

その後、家庭裁判所調査官として、新潟、青森、東京、千葉、水戸の各家庭裁判所および管内支部に勤務。

現　在　東京家政学院大学非常勤講師

つくばソーシャルワーク＆ADR研究所長

社会福祉士


### 〈著書・論文〉

『こころを読む実践家事調停学―当事者の納得にむけての戦略的調停―(改訂増補版)』(民事法研究会)

『虐待親への接近―家裁調査官の目と技法』(民事法研究会)

『こころをつかむ臨床家事調停学―当事者の視点に立った家事調停の技法』(民事法研究会)

『ケースで学ぶ家事・少年事件の事実をとらえる技術―家裁調査官の事実解明スキル』(民事法研究会)

『「家事調停論」再考―家事調停の特徴とその構造―』戸籍時報696号特別増刊号（日本加除出版）

「現代型家事調停事件の性格と家事調停の課題（上）（中）（下)―家裁調査官による『実践的家事調停論』―」判例時報1927号、1929号、1930号

「家裁の調査面接における『事実をとらえていく技術』」日本司法福祉学会「司法福祉学研究」10号

「アクティブ・リスニングとはどういうものか―自主交渉援助型調停の背景にあるもの―」仲裁ADR法学会「仲裁とADR」Vol.6

「調停技術の学び方―私のメタ調停技術論」JCAジャーナル50巻6号～10号

「『三段跳び箱』というツールによる事実確認と問題行動の理解」「月刊学校教育相談」2012. 11月号（ほんの森出版）

「家事調停の解決構造とその特徴―自主交渉援助型調停との比較の視点から―」仲裁ADR法学会「仲裁とADR」Vol.9　ほか

**離婚調停の技術**

平成27年12月17日　第1刷発行

定価　本体 2,000円＋税

著　者　飯　田　邦　男

発　行　株式会社　民事法研究会

印　刷　株式会社　太平印刷社

発行所　株式会社　民事法研究会

〒150－0013　東京都渋谷区恵比寿3－7－16

〔営業〕　☎03－5798－7257　FAX03－5798－7258

〔編集〕　☎03－5798－7277　FAX03－5798－7278

http://www.minjiho.com/　　info@minjiho.com

カバーデザイン／関野美香　ISBN978-4-86556-057-2 C2032 ¥2000E

組版／民事法研究会（Windows+EdicolorVer10+MotoyaFont etc.）

落丁・乱丁はおとりかえします。